IGBO DI MMA

Written By

NKEIRUKA MBAMALI

IGBO DI MMA

Copyright © 2024 By Nkeiruka Mbamali

ISBN: 978-1-64301-054-0

This book is published in United States of America by Rehoboth House, Chicago.

The opinions expressed by the author in this book are exclusively hers and not those of Rehoboth House, Chicago.

All Rights Reserved.
Reproduction of this material, in whole or part, by whatever means, without the express written consent by the author is not permitted, and is unlawful according to current copyright laws of the United States of America.

Author's Contact:
Keelefrances24@gmail.com |757 541 7082

Interior|Cover Designed By Rehoboth House, Chicago
rehobothhouseonline.com
info@rehobothhouseonline.com
rehobothpublishing@gmail.com

Printed in United States of America

Table Of Contents

Dedication..v

Acknowledgment..vi

Introduction...vii

CHAPTER 1
Learning To Read In Igbo..1

CHAPTER 2
Standard Igbo Words..7

CHAPTER 3
Pronouns, Relatives And Greetings...19

CHAPTER 4
Parts Of The Human Body...27

CHAPTER 5
Places And Prepositions..33

CHAPTER 6
Colors, Expressions And Nature..43

CHAPTER 7
Names of Some Animals, Birds, Insects And Objects...............................47

CHAPTER 8
Dialogues...53

CHAPTER 9
Sentences In English, Central Igbo And Onitsha Dialects........................63

CHAPTER 10
Homophones..67

CHAPTER 11
Few Igbo Proverbs...75

CHAPTER 12
Numeral And Numbers..83

DEDICATION

I dedicate this book to God, our heavenly Father, with profound gratitude for His boundless grace, wisdom, and strength that have been my guiding light and have given me long life and good health to write this book. I express my deep appreciation to my children, sons and daughters-in-law, grandchildren, and great-grandchildren for their unwavering support and love, which have brought me joy and comfort. This book stands as a testament to your belief in me.

May the Lord remember you always!

ACKNOWLEDGMENT

Bringing this book to life has been a journey filled with the support and encouragement of many wonderful people. I wish to extend my deepest appreciation to everyone who played a part in this endeavor. To my loving family, thank you for your endless patience, understanding, and encouragement. Your belief in me has been the cornerstone of my motivation. To my dear friends, your constant cheerleading, prayers and unwavering faith in my abilities have kept me inspired and focused. To my mentors and teachers, thank you for imparting your knowledge and wisdom, which have been instrumental in shaping the content of this book. To the dedicated team of editors and publishers, in Rehoboth House, your expertise and hard work have transformed my manuscript into the book it is today. Finally, to my readers, thank you for your interest and support. Your enthusiasm for learning and understanding the Igbo language is the ultimate reward for my efforts.

This book is a collective achievement, and I am deeply and sincerely grateful to every one of you.

God bless you all immensely!

INTRODUCTION

The book *"Igbo Di Mma"* is written to make it easier for you to learn how to read and speak Igbo. It starts by teaching the Igbo alphabet, vowels, and their sounds to lay a strong foundation for learning the language. I also include English phonics to help with reading and speaking Igbo in the Central and Onitsha dialects. Whether you are a beginner or aiming to improve your skills, this approach will be effective and enjoyable.

It's important to note that the Igbo alphabet does not include the letters C, Q, and X. Additionally, it features digraphs, which are combinations of two letters that affect pronunciation. Furthermore, the Igbo language has tone marks that distinguish between words spelled identically but have different meanings based on their pitch. These marks govern how the words are pronounced.

A chapter is dedicated to exploring Igbo homophones, an essential building block of the Igbo language. Homophones are words that sound alike but have different meanings and sometimes different spellings.

Let's embark on this journey and make learning and speaking the Igbo language a rewarding part of your learning experience.

NOTE: I've randomly added note-taking sections at the end of some chapters to capture important insights and key takeaways.

CHAPTER 1

LEARNING TO READ IN IGBO

Learning to read and speak a new language begins with understanding its alphabet and vowels, and their unique sounds. Reflect on the English vowels you are already familiar with: Aa, Ee, Ii, Oo, Uu, and occasionally Yy. For instance, in the word **"Onyx," the letter "Y"** mimics the sound of the vowel "I," revealing the fascinating complexities of vowel usage.

EXAMPLES OF THE FIVE VOWEL SOUNDS IN ENGLISH	
A	*Apple, Angle, Argue, Anxious*
E	*Egg, Elephant, Elegant, Elementary*
I	*Igloo, Ink, Innocence, Inoculate*
O	*Orange, Open, Omni, Ocean*
U	*Umbrella, Upper, Umpire, Understand*

The Igbo language has eight vowels, which include the five English vowels and three extra ones. These extra Igbo vowels have dots underneath them, which change their pronunciation.

THE EIGHT IGBO VOWELS							
Aa	Ee	Ii	Oo	Uu	Ịị	Ọọ	Ụụ

In addition to the eight vowels, the Igbo language also uses three-tone marks. Tone marks are symbols added to letters to indicate the pitch or intonation used when pronouncing a word. They guide you on how to modulate your voice to convey the correct meaning, indicating when to raise or lower your voice.

	THE THREE TONE MARKS IN IGBO LANGUAGE	
1	High tone (/)	Indicates a higher pitch
2	Low tone (\)	Indicates a lower pitch
3	Mid tone (−)	Indicates a neutral pitch

NOTE: Tone marks in the Igbo language are used to distinguish between words that are spelled identically but have different meanings based on their pitch. These marks govern how the words are pronounced.

Here are four examples of how tone marks can change the meaning of words with the same spelling in Igbo language.

ENGLISH	King	Teeth	Back	Fish
IGBO	Ézè	Ézē	Àzù	Ázù

EXAMPLES OF WORDS WITH HIGH, LOW, AND MID TONES	
High tone (/)	Indicates a higher pitch, as in "Ézè" (king)
Low tone (\\)	Indicates a lower pitch, as in "àzù" (back)
Mid tone (–)	Indicates a neutral pitch, as in "ēzē" (teeth)

While the Igbo language uses three tone marks—high (/), low (\\), and mid (–), I encourage you to use your knowledge of the English language to read this book.

ENGLISH AND IGBO EXAMPLES OF VOWEL SOUNDS		
VOWELS SOUND	**ENGLISH EXAMPLES**	**IGBO EXAMPLES**
ị sounds like the letter 'i'	ignite, intimate, imitate	ịnya, ntị, ịgba, akpị
i sounds like the letter 'i'	ink, in, igloo	ite, ise, isi, ire
ọ sounds like the letter 'o'	on, octagon	ọgazi, ọnu, ọzọ, ọsa
o sounds like the letter 'o'	open, opinion	obodo, ogonogo, oke, otu
ụ sounds like the letter 'u'	up, umbrella	ụlọ, ụwa, ụmụ
u sounds like the letter 'u'	Uber, tutor, super	ude, ume, uche

To make learning, reading, and speaking Igbo more engaging and simplified, I will use the Igbo vowel Ọ in combination with the five English vowels A, E, I, O, U. This approach will help you grasp the pronunciation of Igbo words more easily, providing a familiar foundation while introducing unique Igbo sounds. The Igbo vowels Ịị and Ụụ will be used sparingly.

LET'S GET STARTED IN THE NEXT PAGE!

The Chart Will Help You Understand This Better.

NOS.	English Consonants	SIX VOWELS AND THEIR SOUNDS					
		a	e	i	o	u	ọ
1	Bb	ba	be	bi	bo	bu	bọ
2	Cc	--------	--------	--------	--------	--------	------
3	Dd	da	de	di	do	du	dọ
4	Ff	fa	fe	fi	fo	fu	fọ
5	Gg	ga	ge	gi	go	gu	gọ
6	Hh	ha	he	hi	ho	hu	họ
7	Jj	ja	je	ji	jo	ju	jọ
8	Kk	ka	ke	ki	ko	ku	kọ
9	Ll	la	le	li	lo	lu	lọ
10	Mm	ma	me	mi	mo	mu	mọ
11	Nn	na	ne	ni	no	nu	nọ
12	Pp	pa	pe	pi	po	pu	pọ
13	Qq	--------	--------	--------	--------	--------	------
14	Rr	ra	re	ri	ro	ru	rọ
15	Ss	sa	se	si	so	su	sọ
16	Tt	ta	te	ti	to	tu	tọ
17	Vv	va	ve	vi	vo	vu	vọ
18	Ww	wa	we	wi	wo	wu	wọ
19	Xx	--------	--------	--------	--------	--------	------
20	Yy	ya	ye	yi	yo	yu	yọ
21	Zz	za	ze	zi	zo	zu	zọ

NOTE: The consonants Cc, Qq, and Xx are not in the Igbo alphabet.

You can combine digraphs from the chart in page 4 to form Igbo words. See some examples in the table below.

WORD FORMATION - IGBO TO ENGLISH

IGBO	ENGLISH	IGBO	ENGLISH	IGBO	ENGLISH
Gaba	Go	Para	Carry	Naba	Go Back
Febe	Fly	Maka	Because	Nodu	Stay
Jide	Hold	Nebe	Look	Sọsọ	Only
Zuru	Sufficient	Puta	Come out	Yiri	Wear
Ridata	Come down	Taba	Chew	Rigote	Come Up
Nata	Come back	Dado	Fall on	Nọdebe	Sit Closer
Kuba	Keep hitting	Zobe	Hide	Teta	Wake Up

IGBO	ENGLISH	IGBO	ENGLISH
Biko	Please	Jebe	Go
Metu	Touch	Bili	Live
Bata	Come in	Laru	Sleep
Debe	Keep	Libe	Eat
Nile	All	Jijiji	Tremble
Dabere	Lean on	Zọputa	Deliver
Kọwa	Explain	Rapu	Leave

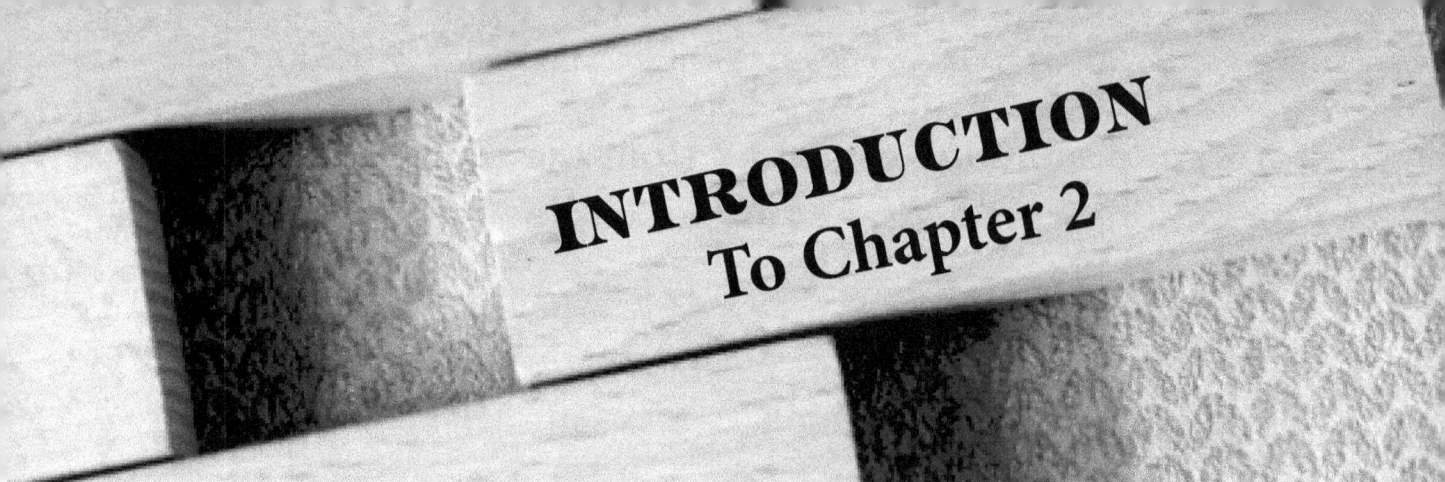

INTRODUCTION
To Chapter 2

As we journey deeper into the heart of the Igbo language in Chapter Two, we will begin with its very foundation: ***The Igbo Alphabet, or "Mkpuruedemede."*** The Igbo alphabet is more than a collection of letters; it is a gateway to understanding the essence of Igbo culture and communication. Notably, the Igbo alphabet excludes the letters C, Q, and X, highlighting its unique structure. Additionally, the language features digraphs—combinations of two letters—that, when paired with vowels, transform in pronunciation, adding depth and nuance to the spoken word.

In this chapter, you will explore these essential building blocks of Standard Igbo, discovering how each letter and digraph contributes to the language's rich tapestry. Embrace this linguistic journey, where each character and combination opens a new dimension of meaning and expression.

CHAPTER 2

STANDARD IGBO WORDS & ALPHABET

IGBO ALPHABET (MKPURUEDEMEDE)					
A	B	CH	D	E	F
G	GB	GH	GW	H	I
Ị	J	K	KP	KW	L
M	N	Ṅ	NW	NY	O
Ọ	P	R	S	SH	T
U	Ụ	V	W	Y	Z

NOTE: The letters **"C, Q,** and **X"** are not in the Igbo alphabet.

THE IGBO DIGRAPHS

| CH | GB | GH | GW | KP | KW | NW | NY | SH |

The Igbo alphabet has nine digraphs. Adding vowels to any of the digraphs changes their pronunciations. See some examples on the table below.

Example CH: cha, che, Chi, Cho, Chọ, Chu.

IGBO: Cha	Ọchago	Ọcha	Sucha
ENGLISH	It Is Ripe	White/ Clean	Wash

IGBO: Che	Chegharia	Neche	Oche
ENGLISH	Repent	Keep Waiting	Chair

IGBO: Chi	Uchichi	Ọchichiri	Achicha	Ubọchi
ENGLISH	Night	Darkness	Bread	Day

IGBO: Chọ	Chọta	Chọba	Nachọ
ENGLISH	Find	Look For	Want

IGBO: Chu	Chukwu	Achupulu	Nchunọ
ENGLISH	God	Was Driven Out	Wall Geko

Example GB: gba, gbe, gbo.

IGBO: Gba	Gbaghara	Gbaze	Gbajie
ENGLISH	Forgive	Will Melt	Break

IGBO: Gbe	Mgbe	Egbugbere Ọnu	Igbe
ENGLISH	Time	Lip	Box

IGBO: Gbo	Ezigbo	Akwa Ngbochi	Ngbowa
ENGLISH	Good	Curtains	Crack

Example GH: gha, ghe, ghi, ghọ, ghu

IGBO: Gha	Nefeghari	Nejeghari	Ugha
ENGLISH	Flying Around	Walking Around	Lie

IGBO: Ghe	Oghere	Ogheghi	Eghere Eghe
ENGLISH	Hole	Not Cooked	Fried

IGBO: Ghi	Ewughi	Emeghi	Edeghi
ENGLISH	Did Not Build	Did Not Do	Did Not Write

IGBO: Ghọ	Ghọ	Aghọwokwa	Aghọtaghi
ENGLISH	Become	Has Become	Does Not Understand

IGBO: Ghu	Aghughọ	Ghupu	Ihe Ighucha Ézē
ENGLISH	Deceit	Pour Out	Tooth Picks

Example GW: gwọ, gwu

IGBO: Gwọ	Gwọọ Ọria	Ngwọkọ	Ngwọtọ
ENGLISH	Heal From Sickness	Mixture	Messed Up

IGBO: Gwu	Ọgwu	Ugwu	Ngwulọ
ENGLISH	Medicine	Hill	Crippled

NOTE: *In some Igbo books you may find the letter "b" with > (greater than sign) under it or a dot under the letter "ḅ" These are used to represent the digraph "gb" (pronounced as "gb") in the Igbo alphabet. The word "mgbe" will be spelled as "mbe" with the greater than sign > under the letter "b" or "mḅe" with the dot under the letter "ḅ" In this book "gb" will be used.*

Example KP: kpa, kpe, kpi, kpo, kpọ, kpu

IGBO: Kpa	Kpajiri	Akpa	Dimkpa
ENGLISH	Broken	Bag/Pocket	A Sturdy Man

IGBO: Kpe	Ekpere	Ikpe	Kpesara	Ikpere
ENGLISH	Prayer	Judgment	Complain To	Knee

IGBO: Kpi	Akpi	Mkpisi Aka	Akpili	Akpirikpa- Ázù
ENGLISH	Scorpion	Finger	Throat	Fish Scales

IGBO: Kpo	Kpojue	Kpochie	Kpopu	Kpokọba
ENGLISH	Fill Up	Lock Up	Clear Out	Put Together

IGBO: Kpọ	Kpọ	Akakpọ	Ikpọ-Asi	Kpọlia
ENGLISH	Call	Dwarf	Hatred	Insult

IGBO: Kpu	Okpu	Kpuchie	Ọkpukpu
ENGLISH	Cap	Close	Bone

Example KW: kwa, kwe, kwo, kwọ, kwu

IGBO: Kwa	Lekwasi	Kwakọba	Kwatue
ENGLISH	Look Upon	Pack Together	Push Down

IGBO: Kwe	Kwere	Ekwela	Okwukwe
ENGLISH	Believe	Do Not Agree	Faith

IGBO: Kwo	Nkwonkwo	Ekwolo	Okwolo
ENGLISH	Joint	Envy	Cranebird

IGBO: Kwọ	Nkwọ	Kwọọ	Kwọọ Aka Yi
ENGLISH	Market Day	Grind	Wash Your Hands

IGBO: Kwu	Okwu	Ukwu	Kwue	Ekwugo
ENGLISH	Word	Waist	Speak	It Has Been Said

NOTE: When the letter 'n' has a dot on top, becoming 'ṅ', it changes the pronunciation of the word. For instance, 'ṅu' is pronounced differently from 'nu.' 'Ṅu' sounds like 'nwu.' See some examples in the table below.

IGBO: Ṅu	Aṅula	Aṅuri	Ọṅu	Ṅuria	Ṅua
ENGLISH	Do Not Drink	Happy	Happiness	Be Happy	Drink

NOTE: When the letter 'ṅ', with a dot on top, is followed by the letter 'a', such as 'ṅa', the word sounds like 'nya.' See some example in the table below.

IGBO: Ṅa	Ṅaa Nti	Aṅara	Ṅaraṅara
ENGLISH	Listen	Garden Egg	Warm

IGBO: Nn	Nna	Nne	Nnunu	Nnekwu
ENGLISH	Father	Mother	Bird	Hen

IGBO: Nw	Nwa	Nwayọ	Ọnwa
ENGLISH	Child	Gently	Moon

IGBO: Nwu	Nwunye	Anwunta	Nwudo
ENGLISH	Wife	Mosquito	Catch

IGBO: Nya	Anya	Anyasi	Inya
ENGLISH	Eye	Night	To Drive

IGBO: Nyu	Anyuike	Gbanyuo	Inyu Mamiri
ENGLISH	Axe	Turn Off	To Urinate

IGBO: O	Onu	Obodo	Obodobo	Ogologo
ENGLISH	Neck	Town	Wide	Long

IGBO: Ọ	Ọnye	Ọnu	Ọnwu	Ọne
ENGLISH	Who	Mouth	Death	How Many?

IGBO: Sha	Nshansha	Ishaka	Isha
ENGLISH	Truly Little	Musical Instrument	Crayfish

IGBO: Shi	Nshikọ	Ashi	Oshimiri
ENGLISH	Crab	Lie	Ocean/River

CONTRACTION APOSTROPHES

In the Igbo language, apostrophes are used to shorten words or indicate possession, much like they do in English. This feature of the language helps to create more fluid and efficient communication, making sentences easier to read and pronounce. The table below provides examples of these contractions along with their meanings in English, offering a clear illustration of how apostrophes function within the Igbo language. By understanding and practicing these contractions, you will enhance your ability to read, write, and speak Igbo more naturally.

NON-CONTRACTIONS	CONTRACTIONS	ENGLISH
Na elu	N'elu	At the top
Na eluigwe	N'eluigwe	In heaven
Na uwa	N'uwa	On earth
Na oche-ezem	N'oche-ezem	On my throne
Na anya	N'anya	In the eye
Na ọnum	N'ọnum	In my mouth
Na ulọ	N'ulọ	In the house
Na ihi	N'ihi	Because
Na akwukwọ	N'akwukwọ	In the book
Na ebe	N'ebe	In the place
Na ubosi	N'ubosi	On the day
Na aka	N'aka	In the hand
Na isi	N'isi	On the head
Na ukwu	N'ukwu	On the waist

SENTENCES WITH NEWLY LEARNED IGBO WORDS

ENGLISH	CENTRAL IGBO	ONITSHA DIALECT
I am a good child.	Abu m ezigbo nwatakiri.	Abu m ezigbo nwatakili.
I want to learn the Igbo language.	A chọrọm i mata asusu Igbo.	A chọlum i muta asusu Igbo.
I am happy.	Ana m anuri ọnu/Obi dim utọ	Ana m enwe anwuli.
What is your name?	Gini bu aha gi?	Gini bu afa yi?
My name is Nkem.	Aha m bu Nkem.	Afa m bu Nkem.
Do you want to drink water?	I chọrọ i ṅu mmiri?	I chọlu i la mmili?
No, thank you so much.	Mba, imela.	Mba, daalu rinne.
Let us go to the bank.	Ka anyi ga n'ulọ aku or ka anyi ga n'ọba ego.	Ka anyi je n'unọ aku.
Do you have money?	I nwere ego?	I nwelu ego?

NOTE: There are two other vowels in the Igbo language **Ụụ** and **Ịị** which we may ignore unless it is necessary for differentiating words and their meanings. I have provided two examples in the table below.

IGBO: Ụụ	Ụ́kwụ́	Úkwù
ENGLISH	Leg	Waist

IGBO: Ịị	Ntị	Nti
ENGLISH	Ear	Cheek

INTRODUCTION
To Chapter 3

As we continue our journey deeper into the heart of central Igbo and Onitsha dialects, in this chapter, you will learn how to incorporate pronouns, relatives, and greetings into your everyday conversations. By practicing these elements, you will be able to create more engaging and meaningful dialogues, enhancing your overall Igbo language proficiency. I have provided various examples to help bring your Igbo language skills to new heights.

CHAPTER 3

PRONOUNS, RELATIVES, AND GREETINGS

PRONOUNS

English	Central Igbo	Onitsha Dialect
I, me	Mu /A/E	Mu /A/E
You	Gi / I	Gi/ I
He, she, it.	O	Ọ
They	Ha	Fa
We, us	Anyi	Anyi
Mine	Nke m	Nke m
Yours	Nke gi	Nke yi
Theirs	Nke ha	Nke fa
His/hers	Nke ya	Nke yi
Ours	Nke anyi	Nke anyi

SHORT SENTENCES WITH PRONOUNS

English	Central Igbo	Onitsha Dialect
I have a car.	Enwere m ugboala.	Enwelu m ugboani.
It is mine.	Ọ bu nke m.	Ọ bu nke m.
He/she went to Lagos.	Ọ gara Lagos.	Ọ jelu Lagos.
The bread is ours.	Achicha ahu bu nke anyi.	Achichaa bu nke anyi.
These clothes are theirs.	Ákwà ndi a bu nke ha.	Ákwà ndi a bu nke fa.
Ifeoma, is this book yours?	Ifeoma, akwụkwọ a ọ bu nke gi?	Ifeoma, akwụkwọ a ọ bu nke yi?
Chidi and Wale, are these pants yours?	Chidi na Wale ọgọdọ ndi a, ha abu nke unu?	Chidi na Wale, ọbante ndi a, fa abu nke unu?
They are coming here.	Ha na-abia n'ebe a.	Fa na-abia n'ebe a.
Are you coming now?	I na-bia ugbua?	I na-abia kita?
Yes, I am coming immediately.	Ee, a na m abia ugbua.	Ee, a na m abia kita.
I want.	A chọrọ m.	A chọlu m.
He/she wants.	Ọ chọrọ.	Ọ chọlu.
They want.	Ha chọrọ.	Fa chọlu.
I need.	Ọ di m mkpa.	Ọ di m mkpa.
He/she needs.	Ọ di ya mkpa.	Ọ di a mkpa.
They need.	Ọ di ha mkpa.	Ọ di fa mkpa.
I am angry/I am mad/I am annoyed.	A na m ewe iwe.	A na m ewe iwe.

English	Central Igbo	Onitsha Dialect
I am sad.	Obi adighi m mma.	Obi adirọ m mma.
I am happy/I am excited.	Obi di m utọ.	A na m enwe anwuli.
I am scared/ I am afraid.	Egwu na-atu m.	Egwu na-atu m.
I am nervous.	Ahu na-ama m jijiji.	Aru na-ama m lilili.
I am worried.	Obi ezughi m ike.	Obi m ezurọ ike.
I am hungry.	Aguu na-agu m.	Aguu na-agu m.
I am thirsty.	Akpiri na-akpọ m nku.	Akpili na-akpọ m nku.
I am confused.	Ọgbagwojuru m anya.	Ọgbagojulu m anya.
I have a fever. / I am feverish.	E nwere m ahu ọku.	E nwelu m aru ọku.
I am in pain.	A nọ m na ihe mgbu.	A nọ m na mgbu.

RELATIVES

English	Central Igbo	Onitsha Dialect
Father	Nna	Nna
Mother	Nne	Nne
Stepfather	Di nne m	Di nne m
Stepmother	Nwunye nna m	Nwunye nna m
Children	Umuntakiri	Umuaka
Brother	Nwanne nwoke	Nwanne nwoke
Sister	Nwanne nwanyi	Nwanne nwanyi
Siblings	Umu nne	Umu nwanne/Umu nne
Uncle	Nwanne nna nwoke/ Nwanne nne nwoke.	Nwanne nna nwoke/ Nwanne nne nwoke.
Aunt	Nwanne nna nwanyi/ Nwanne nne nwanyi.	Nwanne nna nwanyi/ Nwanne nne nwanyi.
Nephew/ Niece	Nwa nwanne nna/Nwa nwanne nne.	Nwa nwanne nna/Nwa nwanne nne.
Relatives	Ikwu na ibe	Ikwu na ibe
Grandfather	Nna Ochie/ Papa ukwu	Nna Ochie/ Papa nnukwu
Grandmother	Nne Ochie/Mama ukwu	Nne Ochie/ Mama nnukwu
Granddaughter	Nwa nwa nwanyi	Nwa nwa nwanyi
Grandson	Nwa nwa nwoke	Nwa nwa nwoke
Grandchildren	Umu umu	Umu umu

SHORT SENTENCES WITH RELATIVES

English	Central Igbo	Onitsha Dialect
This is my mother.	Onye a bu nnem.	Ọnye a bu nnem.
I love my father.	A huru m nna m n'anya.	A fulu m nna m n'anya.
My grandfather is tall.	Nna m ochie toro ogologo.	Nna m ochie solu ogonogo.
My grandmother is kind.	Nne m ochie nwere obi ebere.	Nne m ochie nwelu obi ebele.
I have two brothers.	E nwerem umu nwanne nwoke abuọ.	E nwelum umu nwanne nwoke na abọ.
My brother lives in London.	Nwanne m nwoke bi na London.	Nwanne m nwoke bi na London.
My grandmother cooked delicious egusi soup.	Nne m ochie siri ofe egusi tọrọ utọ.	Nne m ochie telu ọfe egusi sọ lu usọ.
Ory, my friend, dances well.	Enyi m Ory, na-agba egwu nke ọma.	Ory, bu ọyim na-ete egwu ofuma.
Dera, where is your mom?	Dera, ole ebe nne gi nọ? or Dera, kedu nne gi?	Dera, ebe ka nne yi nọ? or Dera, kedu nne yi?
My mom is outside.	Nne m nọ n'ezi.	Nne m nọ n'ilo.
Let us go to Zika's house.	Ka anyi gaa n'ulọ Zika.	Ka anyi jee n'unọ Zika.
These are my siblings.	Ndi a bu umunne m.	Ndi a bu umu nwanne m.
My sister is incredibly beautiful.	Nwanne m nwanyi mara mma nke ukwu.	Nwanne m nwanyi malu mma rinne.
My grandson is an artist.	Nwa nwam nwoke bu omenka.	Nwa nwam nwoke bu omenka.

PERSONS

English	Central Igbo	Onitsha Dialect
Man	Nwoke	Nwoke
Woman	Nwanyi	Nwanyi
Boy	Nwata nwoke	Nwata nwoke
Girl	Nwata nwanyi	Nwata nwanyi
Wife	Nwunye	Nwunye
Husband	Di	Di
Old Man	Agadi nwoke	Agadi nwoke
Old Woman	Agadi nwanyi	Agadi nwanyi
Young man	Okorobia	Okolobia
Young woman	Agbọghọ	Agbọọ

GREETINGS

English	Central Igbo	Onitsha Dialect
Good morning	Ụtụtụ ọma/I bọla chi.	I putago ụla?
Good afternoon	Ehihie ọma	Efifie ọma.
Evening	Mgbede	Ururu anyasi.
Night	Abali	Anyasi
Midnight	Ime abali	Nde eli

English	Central Igbo	Onitsha Dialect
Good night	Kachibọ or Uchichi ọma.	Kachifo or Anyasi ọma
Goodbye.	Ka emesia.	Ka ọmesia.
Safe travels.	Gaa nke ọma or Ije oma.	Jee ọfuma or Ije oma.

A BRIEF CONVERSATION WITH A FRIEND

English	Central Igbo	Onitsha Dialect
Emeka, what's up?	Emeka, gini na-eme?	Emeka, gini na-eme?
All is well. No problem.	Ihe nile di mma. Nsogbu adighi.	Ife nine di mma. Nsogbu adirọ.
How have you been?	Kedu ka I mere?	Kedu ka I melu?
I am fine, thank you.	A dim mma, I mela.	A dim mma, daalu sọ.
What town are you from?	I bu onye obodo ebe?	I bu ọnye obodo ebe?
I am from Amaigbo.	Abu m onye Amaigbo.	Abu m ọnye Amaigbo.
Do you speak the Igbo language?	I na-asu asusu Igbo?	I na-asu asusu Igbo?
Yes, I speak Igbo very well.	Ee, ana m asu asusu Igbo nke ọma.	Ee, ana m asu asusu Igbo ọfuma.

INTRODUCTION
To Chapter 4

As we continue our journey into learning to speak and read Igbo, we will explore human body parts in central Igbo and Onitsha dialects. Mastering the names of body parts will help you describe physical attributes, express health concerns, and engage in conversations with clarity.

This chapter focuses on practical application, guiding you through integrating these terms into coherent sentences to expand your linguistic skills and deepen your connection with the Igbo language and culture. There are few examples that demonstrate how to integrate these terms into coherent sentences.

CHAPTER 4

PARTS OF THE HUMAN BODY

English	Central Igbo	Onitsha Dialect
Head	Isi	Isi
Hair	Ntutu /agiri isi	Ntutu
Eye	Anya	Anya
Teeth	Ézē	Ézē
Mouth	Ọnụ	Ọnụ
Ear	Ntị	Ntị
Nose	Imi	Imi
Tongue	Ire	Ile
Eyebrows	Iku anya	Iku anya
Neck	Olu	Onu
Shoulder	Ubu	Okunbu
Hand	Aka	Aka
Arm	Akwu aka	Ọkwa aka

English	Central Igbo	Onitsha Dialect
Fingers	Mkpisi aka	Mkpisi aka
Toes	Mkpisi ụkwụ	Mkpisi ụkwụ
Feet	Ụkwụ ala/ Okpuru ụkwụ	Ụkwụ ani or Ọbọ ụkwụ
Leg	Ụkwụ	Ụkwụ
Thigh	Apata ụkwụ	Apatapa ụkwụ
Knee	Ikpere	Mkpili ụkwụ
Bottom	Ike	Ike
Cheek	Nti	Nti
Jaw	Agba	Agba
Chest	Obi	Obi
Back	Azu	Azu
Hip	Ukwu	Ukwu
Nails	Mbọ	Mbọ
Stomach	Afọ	Afọ
Breast	Ara	Ala
Beard	Afu-ọnu	Afọ ọnu
Forehead	Egedege ihu	Egenege iru
face	Ihu	Iru
Right hand	Aka nri	Aka nni
Left hand	Aka ekpe	Aka ekpe

PARTS OF THE HUMAN BODY

English	Central Igbo	Onitsha Dialect
Right leg	Ụkwụ aka nri	Ụkwụ aka nni
Left leg	Ụkwụ aka ekpe	Ụkwụ aka ekpe
Heel	Ikiri ụkwụ	Ikili ụkwụ
Lips	Egbugbere ọnu	Egbugbelu ọnu
Heart	Mkpuru obi	Mkpulu obi
Body	Ahu	Aru
Flesh	Anu ahu	Anu aru
Elbow	Ikiaka or Ikpere aka	Ikpele aka
Ankle	Ikpere ụkwụ	Ikpele ụkwụ
Bone	Ọkpụkpụ	Ọkpụkpụ
Palm	Obo aka	Ọbọ aka

SENTENCES WITH NAMES OF VARIOUS BODY PARTS

English	Central Igbo	Onitsha Dialect
I have ten fingers.	Enwere m mkpisi aka iri.	Enwelu m mkpisi aka ili.
Her face is pretty.	Ihu ya mara mma.	Iru e malu mma.
Open your eyes.	Meghee anya gi.	Meyee anya yi.
His stomach is big.	Afọ ya buru ibu.	Afọ ya bulu ibu.

English	Central Igbo	Onitsha Dialect
Hold it in your left hand.	Jide ya n'aka ekpe gi.	Jide ya n'aka ekpe yi.
Comb your hair.	Vọọ ntutu isi gi.	Raa isi i.
Touch your leg.	Metu ụkwụ gi aka.	Metu ụkwụ yi aka.
Wave your arms.	Fee aka gi.	Fee aka yi.
Listen to me.	Gee m ntị.	Gee mu ntị.
Cover your two ears.	Kpuchie ntị gi abuọ.	Kpuchie ntị yi na-abọ.
She has long hair.	O nwere ogologo ntutu.	Ọ nwelu ogonogo ntutu.
My feet hurt.	Ụkwụ ala m na-egbu m mgbu. or Okpuru ụkwụ m na-egbu m mgbu.	Ani ụkwụ m na-afụ m ufụ. or Ọbọ ụkwụ m na-afu m ufu.
Is your nose itchy?	Imi gi ọ na kọ gi ọkọ?	Imi i ọ na kọ i ọkọ?

INTRODUCTION
To Chapter 5

Welcome to Chapter Five of Igbo Di Mma! In this chapter, we will delve into the dynamic world of places and prepositions in central Igbo and Onitsha dialects. Our focus will be on understanding how to use them to construct meaningful sentences. Mastering these elements will not only expand your vocabulary, but also enhance your ability to navigate and describe spatial relationships in Igbo. Through practical examples of short sentences, you will learn how to integrate prepositions into coherent sentences.

We will cover topics from identifying locations to understanding directional phrases. This chapter will provide essential tools for expressing where things are and how to get there in Igbo.

CHAPTER 5

PLACES AND PREPOSITIONS

English	Central Igbo	Onitsha Dialect
Home/House	Ụlọ	Ụnọ
School	Ụlọ akwukwọ	Ụnọ akwukwọ
Grocery store	Ụlọ ahia	Ụnọ afia
Theater (movie)	Ụlọ ihe nkiri/ejije	Ụnọ ife nkili
Church	Ụlọ ụka	Ụnọ uka
Party	Ọgbakọ oriri	Ọgbakọ olili
Hospital	Ụlọ ọgwụ	Ụnọ ọgwụ
Road	Okporo ụzọ	Okpolo ụzọ
Bank	Ụlọ akụ/ ọba ego	Ụnọ akụ
Farm	Ubi	Ugbo
Town	Obodo	Obodo
Sea/River	Osimiri	Orumili
Playground	Ama egwuregwu	Ọnu ilo

English	Central Igbo	Onitsha Dialect
Is anyone home?	Onwere onye nọ n'ụlọ?	Ọnwelu ọnye nọ n'ụnọ?
Yes, Chike is home.	Ee, Chike nọ n'ụlọ.	Ee, Chike nọ n'ụnọ.
I went to the hospital to see my friend.	A gara m ụlọ ọgwụ i hu enyim.	E jelu m ụnọ ọgwụ i fu ọyim.
I want to go to church.	A chọrọm i ga uka.	A chọlum i je uka.
He/she has a grocery store.	O nwere ulọ ahia.	Ọ nwelu unọ afia.
They have a grocery store.	Ha nwere ulọ ahia.	Fa nwelu unọ afia.
Chineze, will you come to Amaka's birthday party?	Chineze, I ga-abia ọgbakọ oriri nke ncheta ọmumu Amaka?	Chineze, I ga-abia na ọgbakọ olili nke ncheta ọmumu Amaka?
They went to school.	Ha gara ulọ akwukwọ.	Fa jelu unọ akwukwọ.
Dad, please, give me money to buy a school bag.	Nna m, biko, nyem ego ka m nwere zuta akpa akwukwọ.	Nna m, biko nye du m ego ka m we gote akpa akwukwọ.
The children went to the theater.	Umu ntakiri gara n'ulọ ebe ihe nkiri.	Umuaka jelu n'unọ ebe ife nkili.

SOME PREPOSITIONS

English	Central Igbo	Onitsha Dialect
On top of	N'elu nke	N'enu nke
Beneath	N'okpuru	N'okpulu

PLACES AND PREPOSITIONS

English	Central Igbo	Onitsha Dialect
Behind	N'azu	N'azu
Above	Elu	Enu
Inside of	N'ime nke	N'ime nke
Outside	Na mputa	Na nputa
Next to	Osote	Na-esote
Close to	Di nso	Di nso
Somewhere	Ebe ufọdu	Ebe ufọdu
Anywhere	Ebe ọbula	Ebe ọbuna
Everywhere	Ebe nile	Ebe nine
From	Site	Site
Across	N'ofe	N'ọfe
Around	Gburugburu	Okilikili
In	Ime	Ime
Near	Nso	Nso
Toward	Ga-kwute	Je kwute
Among	N'etiti	N'etiti
Within	N'ime	N'ime
Down	Ala	Ani
Under	N'okpuru	N'okpulu
Before	Tupu	Tupu

English	Central Igbo	Onitsha Dialect
After	Emesia	Emesia
Between	N'etiti	N'etiti
Beside	N'akuku	N'akuku

SOME SENTENCES WITH PREPOSITIONS

English	Central Igbo	Onitsha Dialect
Stand	Guzo	Kwulu
Stand up.	Kwuru ọtọ.	Kwulu ọtọ.
Go and stand beside Nkem.	Gaa guzoro n'akuku Nkem.	Jee kwulu n'akuku Nkem.
I cannot find my key.	Amaghim ebe igodo m di.	Amarọm ebe ugodi m di.
I have searched everywhere.	A chọla m ebe nile.	A chọgo m ebe nine.
Your key is under the chair.	Igodo gi di n'okpuru oche.	Ugodi yi di n'okpulu ọche.
Our house is close to the sea.	Ụlọ anyi di nso n'osimiri.	Bee anyi di nso n'orumili.

English	Central Igbo	Onitsha Dialect
Stay.	Nọdu.	Nọdu.
Sit down.	Nọdu ala.	Nọdu ani.
Nwando is sitting under a tree.	Nwando nọduru ala n'okpuru ukwu osisi.	Nwando nọ ani n'okpulu ukwu osisi.
My shoes are behind the door.	Akpukpọ ụkwụ m di n'azu uzọ.	Akpukpọ ụkwụ m di n'azu uzọ.
Please, bring them here.	Biko, weta ha n'ebe a.	Biko, weta fa n'ebe a.
Ikechukwu has flowers around his house.	Okoko osisi gbaa ulọ Ikechukwu gburugburu.	Okoko osisi gbarube unọ Ikechukwu okilikili.
Look outside! It is raining!	Lee anya n'ezi! Mmiri na-ezo!	Nee anya n'ilo! Mmili na-ezo!

ESSENTIAL KITCHEN SUPPLIES AND PROVISIONS

English	Central Igbo	Onitsha Dialect
Kitchen	Ebe isi nri/ usoekwu	Ebe isi nni (usokwu)
Pot	Ite	Ite
Plate	Efere	Afele
Water	Mmiri	Mmili
Milk	Mmiri ara ehi	Mmili ala efi

English	Central Igbo	Onitsha Dialect
Meat	Anu	Anu
Rice	Osikapa	Osikapa
Food	Nri	Nni
Eggs	Àkwá	Àkwá
Peanuts	Ọpapa	Ọpapa
Butter	Mmiri ara ehi nke raru araru	Mmili ala efi nke larulu alaru
Vegetable	Akwukwọ nri	Akwukwọ nni
Fish	Ázù	Ázù
Yam	Ji	Ji
Oil	Mmanu	Mmanu
Orange	Oroma	Oloma
Floor	Ala ulọ	Ani unọ
Alcohol	Mmanya na-aba n'anya/ mmanya ọku	Mmanya na-aba n'anya/ mmanya na egbu egbu
Fry	Ghe	Ye e
Cook	Sie	Sie
To fry	I ghe	I ye e
Stove	Stovu/Igwe ọku	Stovu/Igwe ọku
Napkin	Ákwà ihicha aka	Ákwà ificha aka
Spoon	Ngaji	Ngaji

English	Central Igbo	Onitsha Dialect
Soup	Ofe	Ọfe
Knife	Mma	Mma
Fire	Ọku	Ọku
Cup	Iko	Iko

SHORT SENTENCES

English	Central Igbo	Onitsha Dialect
Dera, please fry two eggs for me.	Dera, biko gherem akwa abuọ.	Dera, biko ghelum akwa na-abọ.
Where do I keep the spoon?	Ole ebe m ga-edebe ngaji?	Kedu ebe m ga-edebe ngaji?
I want to cook jollof rice.	A chọrọm isi osikapa jollof.	A chọlum isi osikapa jollof.
Fill this pot with water.	Gbajue mmiri n'ime ite a.	Gbajue mmili n'ime ite a.
Ikechukwu, turn off the light.	Ikechukwu, gbanyuo ọku.	Ikechukwu, menyua ọku.
There is water on the floor.	Mmiri di na ala ulọ.	Mmili di na ani unọ.
Please, put the meat on the red plate.	Biko, tinye anu a n'efere na-acha uhie uhie.	Biko, tinye anu a n'afele na-acha mmee mmee.

English	Central Igbo	Onitsha Dialect
I am thirsty. May I have a cup of water?	Akpiri na-akpọ m nku. I ga-enye m otu iko mmiri?	Akpili na-akpọ m nku. I ga-enyedu m ofu iko mmili?
The water is warm.	Mmiri ahu di ṅaraṅara.	Mmili a di nyala nyala.
I only need a cup or two of very icy water.	A chọrọ m nani otu iko mmiri ma ọ bu abuọ nke juru oyi nke ọma.	Sọsọ ife m chọlu bu ofu iko mmili ma ọ bu ibua julu ezigbo oyi.
This black stove is old.	Igwe ọku ojii a emela ochie.	Igwe ọku ojii a emego ochie.
Mom, can you buy a yellow stove?	Nne, I nwere ike izuta igwe ọku na-acha edo edo?	Nne, I ga-enwe ike igote nwu igwe ọku na-acha edo edo?
Emeka and Ifeanyi shared the gigantic fish.	Emeka na Ifeanyi kere azu nke ukwu ahu.	Emeka na Ifeanyi kelu nnukwu azu a.
Please, Nkem, give me a sharp knife to cut the orange.	Biko, Nkem nye m mma di nkọ ka m were kewa oroma a.	Biko, Nkem nye m mma di nkọ ka nwee bewa oloma a.
No, Ifeoma, I am using the knife to cut the beef.	Mba, Ifeoma, eji m mma ahu ebe anu.	Mba, Ifeoma, eji m mma a ebe anu.
Amaka, sweep the kitchen and mop the floor. It is very dirty.	Amaka, zaa ebe isi nri, ma were kwa mmiri na akwa, hicha ala ulọ a. O ruru inyi nke ukwu.	Amaka, zaa ebe isi nni, welu Kwọ mmili na akwa wee ficha ani unọ a. O lulu inyi rinne.
Chinyelum, go and help Amaka tidy up the Kitchen.	Chinyelum, ga nyere Amaka aka idozi usoekwu.	Chinyelum, jee nyelu Amaka aka wee dozie usokwu.

English	Central Igbo	Onitsha Dialect
Milana put the milk and the napkin on the table.	Milana, dọba mmiri ara ehi na ákwà nhicha aka n'elu okpokoro.	Milana, dọba mmili ala efi nya na ákwà ificha aka n'enu okpokolo.
I am hungry. May I eat the bread on the dining table?	Aguu na-agu m. E nwere m ike ita achicha ahu di n'elu okpokoro nri?	Aguu na-agu m. Enwelu m ike ita achicha a di n'enu okpokolo nni?
Santi, be patient, lunch is ready. It is your favorite soup and pounded yam.	Santi, nwe ndidi nri ehihe egheela. Ọbu kwa ofe na-tọkaricha gi utọ ya na nri ji.	Santi, nwe ndidi, nni efife eyego. Ọ bu kwọ ofe na-sọ yi usọ ri nne nya na nni ji.
Sit down. Wash your hands.	Nọdu ala. Sacha aka gi.	Nọdu ani. Kwọọ aka yi.

INTRODUCTION
To Chapter 6

In this chapter, we will explore the vibrant world of colors, expressions, and nature in central Igbo and Onitsha dialects. We will focus on how to use these elements to construct expressive and nuanced sentences. Mastering these elements will not only enrich your vocabulary, but also enhance your ability to vividly describe the world around you in Igbo. We will cover identifying colors, capturing expressions, and exploring nature.

This chapter will provide you with essential tools for articulating emotions, describing scenery, and engaging in meaningful conversations. Few examples will be used to help you seamlessly integrate these elements into your speech and appreciate the beauty and richness of colors, expressions, and nature in Igbo.

CHAPTER 6

COLORS, EXPRESSIONS AND NATURE

English	Central Igbo	Onitsha Dialect
Color	Agwa	Agwa
Green	Ndu ndu	Ndu ndu
Yellow	Edo	Edo
Red	Uhie/ ọbara ọbara	Mmee mmee
Purple	Odo odo	Odo odo
Black	Ojii	Ojii
White	Ọcha	Ọcha
Brown	Uri uri/aja aja	Uli uli/ aja aja
Gray	Ntu ntu	Ntu ntu
Pink	Uhie ọcha /ire ire	Ufie ọcha/ ile ile
Blue	Anunu	Anunu

English	Central Igbo	Onitsha Dialect
Orange	Uhie-edo/ oroma	Mmee mmee-edo/oloma
A blue dress.	Uwe anunu.	Afe anunu.
White house.	Ulọ ọcha.	Unọ ọcha.
A black horse.	Inyinya ojii.	Anyinya ojii.

EXPRESSIONS

English	Central Igbo	Onitsha Dialect
Tell me the color of your car.	Gwa m agwa ugbọala gi na-acha.	Gwa m agwa ugbọani yi na-acha.
My teeth are white.	Eze m na-enwu ọcha.	Eze m na-enwu ọcha.
Clean	Ọcha.	Ọcha.
Your room is clean.	Ime ulọ gi di ọcha.	Ime unọ yi di ọcha.
The flowers are pink and yellow.	Okoko ahu na-acha ire ire na edo edo.	Okoko a na-acha ile ile na edo edo.
The Nigerian flag is green, white, and green.	Ọkọlọtọ Nigeria na-acha ndu ndu, ọcha na ndu ndu.	Ọkọlọtọ Nigeria na-acha ndu ndu, ọcha na ndu ndu.
The American flag is red, blue, and white.	Ọkọlọtọ America na-acha uhie uhie, anunu na ọcha.	Ọkọlọtọ America na-acha mmee-mmee, anunu na ọcha.

English	Central Igbo	Onitsha Dialect
My money is in the purple bag.	Ego m di n'ime akpa na-acha odo odo.	Ego m di n'ime akpa na-acha odo odo.

NATURE

English	Central Igbo	Onitsha Dialect
Tree	Osisi	Osisi
Plant	Akúmakú / Akúkú	Akúkú
Branch	Ngalaba/alaka	Anaka
Sun	Anwu	Anwu
Moon	Ọnwa	Ọnwa
Stars	Kpakpando	Kpakpando
Sky	Igwe	Igwe
Cloud	Urukpuru	Ulukpulu
Hot weather	Okpomoku ihu igwe	Okpomoku iru igwe
Rain	Mmiri ozizo	Mmili ozizo
Light	Ihè	Ifè
Wind	Ikuku	Ikuku
Hail	Ákú mmiri igwe	Ákú mmili igwe
Harmattan/Cold Weather	Uguru	Ugulu
Dark	Ọchichiri	Ọchichii

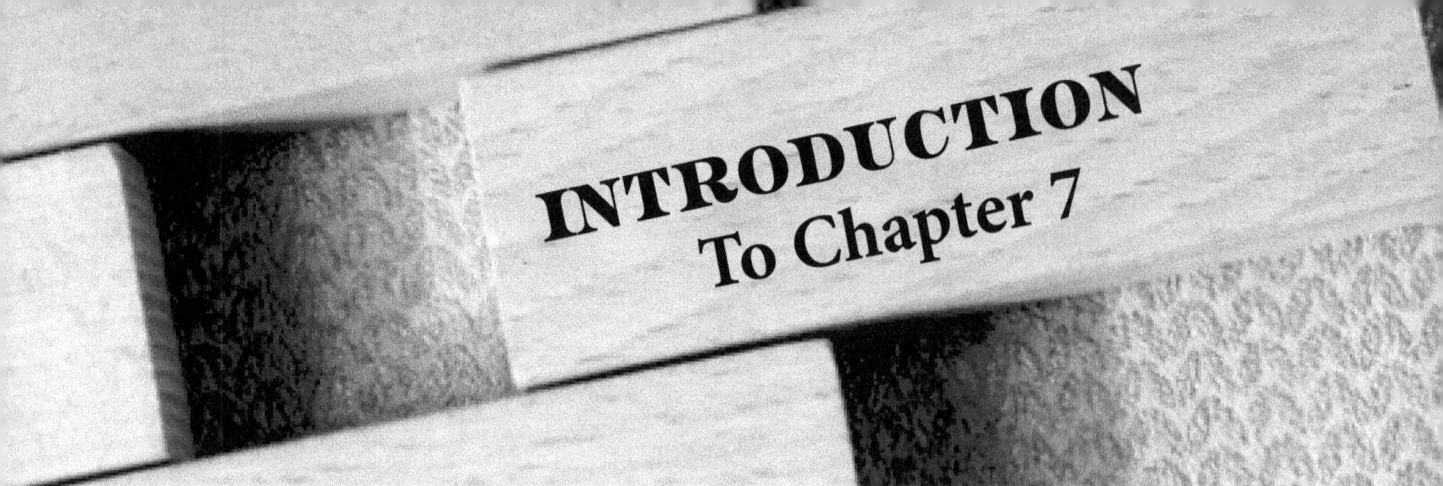

INTRODUCTION
To Chapter 7

Welcome to Chapter Seven of Igbo Di Mma! This chapter immerses you in the diverse world of animals, birds, insects, and objects in central Igbo and Onitsha dialects. Mastering these vocabulary sets not only expands your Igbo language proficiency in your daily conversation, but also enhances your ability to vividly describe the natural world and everyday objects in Central Igbo and Onitsha dialects.

Prepare to deepen your language skills and cultural connection as we explore the richness and diversity of animals, birds, insects, and objects in Igbo. Let's embark on this enriching journey together!

CHAPTER 7

ANIMALS, BIRDS, INSECTS, AND OBJECTS

ANIMALS

English	Central Igbo	Onitsha Dialect
Antelope	Ele	Ene
Camel	Kamel	Kamel
Cat	Nwamba	Nwaonogbo
Chimpanzee	Adaka	Adaka
Cow	Ehi	Efi
Crocodile	Agụ iyi	Agụ iyi
Deer	Mgbada	Mgbada
Donkey	Ịnyịnya ibu	Anyinya ibu
Dog	Nkịta	Nkịta
Earthworm	Idide	Idide

English	Central Igbo	Onitsha Dialect
Elephant	Enyi	Enyi
Frog	Awọ	Awọ
Goat	Ewu	Ewu
Gorilla	Ọzọdimgba	Ọzọdimgba
He goat	Mkpi	Mkpi
Horse	Ịnyịnya	Anyinya
Lion	Ọdum	Ọdum
Lizard	Ngwere	Ngwele
Monkey	Enwe	Enwe
Pig	Ezi	Ezi
Rabbit	Ewi	Ewi
Ram	Ebulu	Ebunu
Rat	Oke	Ọke
Sheep	Atụrụ	Atụlụ
Snake	Agwọ	Agwọ
Tiger	Agu	Agu
Tortoise	Mbe	Mbekwu

BIRDS

English	Central Igbo	Onitsha Dialect
Crow	Ugolọma	Ugolọma
Bird	Nnụnụ	Nnụnụ
Chicken	Ọkụkọ	Ọkụkụ
Cock	Oke ọkpa	Ọkpa
Dove	Ndụru	Ndụli
Duck	Ọbagwu	Ọbọgwu
Eagle	Ugo	Ugo
Goose	Ọkwa	Ọkwa
Guinea Fowl	Ọgazi	Ọgazi
Hawk	Egbe	Egbe
Hen	Nnekwu	Nnekwu
Parrot	Icheoku	Icheoku
Turkey	Torotoro	Tolotolo
Vulture	Udele	Udene

INSECTS

English	Central Igbo	Onitsha Dialect
Ants	Ahuhu/Ndanda	Aruru
Bee	Aṅu	Aṅu
Butterfly	Urukurububa	Ikulububa
Cockroach	Ọchicha	Uchicha
Fly	Ijiji	Ijiji
Mosquito	Anwu nta	Anwu
Grasshopper	Ukpana	Ukpana
Tsetse Fly	Odudu	Odudu

OBJECTS

English	Central Igbo	Onitsha Dialect
Airplane	Ụgbọ elu	Ụgbọ enu
Bath Towel	Akwa ịhịcha ahu	Akwa ificha aru
Bag	Akpa	Akpa
Bed	Akwa	Akwa
Bell	Mgbirigba	Mgbiligba
Bottle	Karama	Kalamam

ANIMALS, BIRDS, INSECTS, AND OBJECTS

English	Central Igbo	Onitsha Dialect
Box	Ịgbe	Akpati
Broom	Aziza	Aziza
Car/ Truck	Ụgbọala	Ụgbọani
Comb	Nha / mbọ	Nra
Clock	Elekere	Ọkulọku
Curtain	Akwa mgbochi	Akwa ngbochi
Mat	Ute	Ute
Mirror	Enyo	Ugogbe
Ship/Boat	Ụgbọ mmiri	Ụgbọ mmili
Soap	Ncha	Ncha
Sponge	Ogbo	Ogbo
Story Building	Ulọ elu	Unọ enu
Stone	Nkume	Okwute
Swimming Pool	Ebe igwu mmiri	Ebe igwu mmili
Tin/Can	Komkom	Komkom
Tray	Efere obosara	Agbagalasa

INTRODUCTION
To Chapter 8

In Chapter Eight of Igbo Di Mma, you will learn dialogue skills in Central Igbo and Onitsha dialects to enhance your conversational ability and deepen your connection with the Igbo-speaking community. The chapter includes practical examples to help you initiate conversations, ask questions, express opinions, and respond appropriately in various contexts. It equips you with the tools to communicate fluently and confidently in Igbo, making your conversations more engaging and impactful.

CHAPTER 8

DIALOGUES

Dialogue1

English	Central Igbo	Onitsha Dialect
Hi Dera, Do you remember me?	Ndewo Dera. I chetara onye m bu?	Dera kedu? I lotelu onye m bu?
I am sorry. I do not remember. Where did we meet before?	Gbaghara m Echetakwaghi m. Ebee ka anyi zukotaworo mbu?	Gbayalu m. Eloterokwo m. Kedu ebe anyi zutelu mbu?
My name is Chineze. We were in the same club in Ohio.	Aha m bu Chineze. Mu na gi nọ n'otu otu na Ohio.	Afa m bu Chineze. Mu na yi nọ na ofu otu na Ohio.
What club?	Kedu udiri otu ọ bu?	Kedu udi otu ọ bu?
We were together in the "Igbo dance club."	Mu na gi nọ n'otu "Egwu ndi Igbo."	Mu na yi nọ n'otu "Egwu ndi Igbo."
O! I remember you. You taught me a few dance steps.	O! Echetaram gi. Ikuziri m uzọ di iche iche esi agba egwu.	O! Elotegom yi. I kuzilu m nzọ ukwu ufodu eji ete egwu.

English	Central Igbo	Onitsha Dialect
Do you still listen to and dance to Naija music?	I ka na-egekwa ma na-agbakwa egwu Naija?	I na egelili na etekwọ egwu Naija?
Yes, I do. I love Naija music.	Ee, ana m ege ya. Egwu Naija na atọ m utọ.	Ee ana m egee. Egwu Naija na- aso m uso.
Chike will wed next month. I am sure he will be happy to see you.	Chike ga-agba akwukwọ n'ọnwa ọzọ. A mara m na ọ ga bu ihe ọṅu nye ya ma ọ buru na ọ hu gi.	Chike ga agba akwukwọ n'ọnwa ọzọ. A malu m na ọ ga-enwe anwuli ifu yi.
Will there be a traditional wedding? I will be on leave next month. Send me his card.	Aga enwe igba nkwu? Aga m enwe ezumike n'ọru m n'ọnwa ọzọ. Zitere m akwukwọ inabata mmadu.	Aga enwe inu mmanya? Aga m enwe ezumike n'ọlu m n'ọnwa ọzọ. Zitelu m akwukwo inabata mmadu.
I definitely will send you the card. Be prepared to dance and enjoy Naija food.	A ga m ezitere gi akwukwọ inabata mmadu. Jikerekwa igba egwu na iri nri Naija na-atọ utọ.	A ga m ewe talili i akwukwọ inabata madu. Kwadebekwa ite egwu na ili nni Naija na-aso uso.
I look forward to it. Let me go back to work. It is a pleasure meeting you again. Bye.	Ana m ele anya ya. Ka m laghachi n'ọru. Obi di m utọ I hu gi ọzọ. Ka emesia.	Ana m atu anya ya. Ka m nachiya n'ọlu. Enwelu m anwuli ifu yi ọzọ. Ka ọmesia.
Goodbye, Dera. Stay safe.	Ka emesia, Dera. Nọdu nke ọma.	Ka ọmesia, Dera. Nọdu ọfuma.

Dialogue 2

English	Central Igbo	Onitsha Dialect
Chinazor! Ngozi! Zika! Come downstairs. Nkeiruka is here.	Chinazor! Ngozi! Zika! Ridatanu. Nkeiruka nọ ebe a.	Chinazor! Ngozi! Zika! Gbadatanu. Nkeiruka nọ ebe a.
We are coming down now.	Anyi na-ridata ugbua.	Anyi na gbadata kitaa.
Good morning, Nkeiruka. We are happy that you came early for the outing.	Ụtụtụ ọma, Nkeiruka. Obi di anyi utọ na I biara ngwa maka ọpupu anyi.	I putago ula Nkeiruka? Anyi nwelu anwuli na I gbalu uzọ bia maka ọpupu anyi.
Good, I see that you are ready.	Ọ di mma. A huru m na onye ọ bula ejikerela.	Ọ di mma, A fulu m na unu nine akwadesigo.
Where are we going today?	Ebe ka anyi na-ga taa?	Ebe e ka anyi ga-eje tata?
We will go to the beach and then to a restaurant.	Anyi ga-aga n'akuku osimiri, emesia anyi agaa n'ulọ oriri na nkwari.	Anyi ga-eje na ikpele orumili, emesie anyi ejee n'unọ olili na nkwali.
Yay! Let us get our swimsuits.	Ehee! Ka anyi ga weta uwe eji egwu mmiri.	Ehee! Ka anyi je weta afe eji egwu mmili.
Ngozi, please may I drive your car? Chinazor taught me how to drive.	Ngozi, biko m nwere ike inya ugbọala gi? Chinazor kuziri m inya ugbọala.	Ngozi, biko ka m nya daa ugbọani yi? Chinazor kuzilu m inya ugbọani.

English	Central Igbo	Onitsha Dialect
No Zika, you are only 12 years old. It is against the law for you to drive now.	Mba Zika, nani afọ iri na abuọ ka idi. Iwu megidere gi inya ugbọala ugbua.	Mba Zika, sọsọ arọ ili na ibua ka idi. Iwu megidelu ngi inya ugbọani kita.
Wow! Look at the beautiful houses by the beach. I want to live in one of those houses.	Ewoo! Lee ọmaricha ụlọ ndi a di n'akuku osimiri. Ọ ga amasi m ibi n'otu n'ime ụlọ ndi ahu.	Ewoo! Nee ọmalicha ụnọ ndia di na ikpele orumili a. Aga m achọ ibi n'ofu n'ime ụnọ ndi a.
Why do you want to live in one of those houses, Chinazor?	Kedu ihe kpatara iji chọ ibi n'otu n'ime ụlọ ndi ahu, Chinazor?	Kedu ife kpatalu iji chọ ibi n'ofu n'ime ụnọ ndia, Chinazor?
The houses are beautiful, and I can go and swim any time of the day.	Ụlọ ndi a mara mma nke ukwu, aga m enwe ike iga gwuo mmiri mgbe ọbula.	Ụnọ ndia malu mma rinne. Aga m enwe ike ije gwue mmili ọge ọbuna.
Clever idea. As you go into the water, watch out for the waves. Waves can be dangerous.	Ezigbo echiche. Ma lezie anya mgbe I na-aba n'ime mmiri ahu, maka ebili mmiri. Ebili mmiri nwere ike i dikwa egwu.	Ezigbo ilolo. Ka I na-aba n'ime mmili, nekwa anya ọfuma maka ebili mmili. Ebili mmili nwelu ike i dikwọ egwu.
Thank you, Ifeanyi. We will be careful.	Ifeanyi, I mela. Anyi ga-akpachapu anya.	Ifeanyi, daalu. Anyi ga-akpachapu anya.
I have a special gift for you if you behave well. Stay safe.	E nwere m onyinye puru iche inye unu ma ọburu na unu kpaa ezigbo agwa. Nọdunu nke ọma.	Enwelu m onyinye pulu iche inye unu ma ọbulu na unu eme ezigbo omume. Nọdunu ọfuma.

DIALOGUES

NOTE: I have intoduced some English words and their Igbo meanings in the table below that will be used in the next dialogue to help you understand and enjoy it more. Knowing these words in advance will make it easier for you to follow the conversation and appreciate the richness of the Igbo language. Enjoy!

English	Central Igbo	Onitsha Dialect
Sudden	Mberede	Mbelede
Accident	Ihe mberede	Ife mbelede
Blood	Ọbara	Mmee
Policemen	Ndi uweojii	Ndi afeojii
A doctor	Dibia bekee	Dibia Oyibo
Car mechanic	Onye na edozi ugboala. (mekanik)	Ọnye na edozi ugboani. (mekanik)

Dialogue3

English	Central Igbo	Onitsha Dialect
Good afternoon, Roselyn.	Ehihe ọma, Roselyn.	Roselyn, efifie ọma.
Good afternoon, Fisayo. I was afraid when I saw that car accident. The car involved looked like your mom's car.	Ehihe ọma, Fisayo. Egwu tukwara m mgbe m huru ihe mberede nke mere n'okporo uzọ ahu. Ugboala ahu yiri nke nne gi.	Efifie ọma, Fisayo. Egwu tulu m oge m fulu ife mbelede okpolo uzọ a. Ugboani a yilu nke nne yi.

English	Central Igbo	Onitsha Dialect
I thank God that it is not my mom's car. The person in the back seat was wounded. There was blood everywhere.	Ana m ekele Chineke n'ihi na ugboala ahu abughi nke nne m. Onye no n'azu oche nwere ihe mmeru ahu. Obara gbasasiri ebe nile.	Ana m ekene Chukwu na oburo ugboani nne m. Onye no n'oche azu merulu aru. Mmee gbasasilu n'ebe nine.
Did you go to the scene of the accident? You are brave.	I ga ruru n'ebe ahu ihe mberede ugboala ahu mere? I nwe kwara obi.	I jelu n'ebe ife mbelede a melu? Obi kakwolii aka.
There is an adage that says, "What you see, you believe."	O nwere ilu a na-atu si, "Ahu n'anya ekwere."	Ọ nwelu inu a na-atu si, "Afu n'anya, ekwelu."
What else did you see?	Kedu ihe ndi ozo I huru?	Kedu ife ndi ozo I fulu?
The police officers were on the scene, interviewing everyone who emerged from the accident vehicle.	Ndi uweojii nokwa n'ebe ahu. Ha gbakwara ndi nile putara na ugboala ahu mebiri emebi, ajuju onu.	Ndi afeojii no n'ebe a. Fa na-aju ndi si n'ugboani a mebilu emebi puta ajuju onu.
What about the driver?	Kedu maka onye na-nya ugboala ahu?	Kedu maka onye na-nya ugboani a?
A bone in his right leg was broken. Many people said that he should be taken to the hospital.	Otu okpukpu n'ukwu aka nri ya gbajiri. Otutu mmadu kwuru na o kwesiri ka ebu ga ya n'ulo ogwu.	Ofu okpukpu kpajilu n'ukwu aka nni e. Otutu mmadu kwulu na oga di mma ma ebu ga ya n'uno ogwu.

DIALOGUES

English	Central Igbo	Onitsha Dialect
How did he go to the hospital? Was there an ambulance?	Kedu ka ojiri gaa ruo n'ulọ ọgwu? Ugbọala na-ebu ndi ọria ọ di n'ebe ahu?	Kedu ka o si jee n'unọ ọgwu a? Ugboani na-ebu ndi ọya ọ di n'ebe a?
Ambulance? The ambulance would not get there on time. A compassionate person volunteered to help.	Ugbọala na-ebu ndi ọria? Ugbọala na-ebu ndi ọria agaghi abiaruta n'oge. Otu onye nwere obi ebere weputara onwe ya inyere ya aka.	Ugboani na-ebu ndi ọya? Ugboani na-ebu ndi ọya a ma elute gboo. Ofu ọnye nwelu obi ebele weputalu onwe ya inyelu ya aka.
God bless the man who took the wounded driver to the hospital.	Chukwu gozie nwoke ahu nke bugaa onye na-nya ugbọala we meru ahu n'ulọ ọgwu.	Chukwu gozie nwoke a nke bugalu ọnye na-nya ugboani wee melua aru, n'unọ ọgwu.
Many drivers parked their vehicles and came to the accident scene.	Ọtutu ndi na-nya ugbọala kwusichara ugbọala ha we gaa n'ebe ahu ihe mberede mere.	Ọtutu ndi na-nya ugboani kwusilu ugboani fa we jebe n'ebe ife mbelede afu melu.
Was a mechanic there?	O nwere onye na-edozi ugbọala nọ n'ebe ahu?	Ọ nwelu ọnye na-edozi ugboani nọ n'ebe afu?
Yes. He was focusing on how to repair the damaged car.	Ee Ọ nọ na-eche otu ọ ga-esi dozie ugbọala ahu mebiri emebi.	Ee. Ọ nọ na-elo etu ọ ga-esi luzie ugboani a mebilu emebi.
Was there a medical doctor in the crowd?	O nwere onye dibia bekee nọ n'ebe ahu igwe madu nọ?	Ọ nwelu dibia oyibo nọ n'ebe a igwe madu nọ?

English	Central Igbo	Onitsha Dialect
Yes. A young female doctor came to the scene with some medicine. Immediately she went and started helping the wounded passengers.	Ee. Nwa agboghobia bu onye dibia bekee biara ebe ahu. Oji kwa ogwu bia. Ọsọsọ ogaa malite I nyere ndi meruru ahu aka.	Ee. Nwa agbọọ bu dibia oyibo bialu n'ebe a. Oji kwọ ogwu bia, ọ we jee ọsiso n'ebe ndi merulu aru nọ, we nyelu fa aka.
Do you know that one of the wounded persons was her uncle? She hugged him and both of them praised God.	I mara na otu onye n'ime ndi ahu meruru ahu bu nwanne nne ya? O we makuọ ya, ha abuọ to Chineke.	I malu na ofu ọnye n'ime ndi merulu aru bu nwanne nne e? Ọ we makua nya, fa na-abọ we to Chukwu.

INTRODUCTION
To Chapter 9

Welcome to Chapter Nine of Igbo Di Mma! This chapter is designed to familiarize you with some common sentences in central Igbo and Onitsha dialects, providing a solid foundation for constructing your own sentences in everyday conversations. By learning these phrases, you'll gain confidence and fluency, making your interactions in Igbo more natural and effective.

CHAPTER 9

SOME COMMON SENTENCES

English	Central Igbo	Onitsha Dialect
What time is it?	Ọ bu gini na-aku na elekere?	Gini na-aku na ọkulọku?
It is three o'clock now.	Ọ bu elekere atọ ugbu a.	Ọbu ọkulọku itọ kita.
Where is the nearest restaurant?	Olee ebe ulọ oriri dikasiri nso nọ?	Kedu ebe unọ olili dikalisi nso di?
The nearest restaurant is about 15 minutes' walk away.	Ulọ oriri dikasiri nso dika nkeji ije iri na ise.	Unọ olili dikalisi nso dika nkeji ije ili na ise.
That's a beautiful bracelet.	Mgba aka a mara mma nke ukwu.	Mgba aka a malu mma rinne.
She has a new dress.	O nwere uwe ọhuru.	Ọ nwelu afe ọfuu.
Her twin brother is in America.	Ejima ya nwoke nọ n'America.	Ejimaa nwoke nọ n'America.
Can you scratch my back?	I nwere ike ikọ m ọkọ n'azu?	I nwelu ike ikọm ọkọ n'azu?
Sure, I will.	Nsogbu adighi, agam eme ya.	Nsogbu adirọ, agam eme e.

English	Central Igbo	Onitsha Dialect
I forgot my keys inside the Uber.	Echefuru m igodo m n'ime ugboala Uber.	E lozolu m ugodi m n'ime ugboani Uber.
I need you to cut the grass all around the house.	A choro m ka I sucha ahihia nile di na gburugburu ulo ahu.	A cholu m ka I sucha afifia nine di na okilikili uno a.
I cooked the dinner by myself.	O bu mu onwe m siri nri abali.	O bu munwa silu nni anyasi.
I will wash the dishes in the morning.	Aga m asa efere nile n'ututu.	Aga m acha afele nine n'ututu.
You need to cut your nails.	I kwesiri ikpachasi mbo gi.	I kwesili igbachasi mbo yi.
I am sleepy but I still have a lot of work to do.	Ura na-atu m ma na enwere m nnukwu oru m ga aru.	Ula na-atu m ma na enwelu m olu rilu nne m ga alu.
Mommy, can you braid my hair?	Nne, I nwere ike ikpa m isi?	Nne, I nwelu ike ikpa m isi?
Be careful, the floor is wet.	Jiri nwayoo, mmiri di n'ala ulo.	Dolu nwaruani, mmili di n'ani uno.
I am happy that my work ended early today.	Obi di m uto na oru m kwusiri n'oge taa.	A na m enwe awuli na olu m gwusilu gboo tata.
I will plant an apple tree in my garden when I have my own house.	A ga m aku osisi apulu n'ubi ogige m mgbe o bula m nwere ulo nke aka m.	A ga m aku osisi apulu n'ugbo ogige m oge o buna m nwelu uno nke m.
The Igbos are hard-working.	Ndi Igbo bu ndi na-agbasi mbo ike.	Ndi Igbo bu ndi na-agbasi mbo ike.

SOME COMMON SENTENCES

English	Central Igbo	Onitsha Dialect
They want to excel in whatever they do.	Ha na-achọ ime nke ọma n'ihe nile ọ bula ha na-eme.	Fa na-achọ ime kalisi ọfuma n'ife ọ buna fa na-eme.

INTRODUCTION
To Chapter 10

This next chapter is dedicated to exploring Igbo homophones, an essential building block of the Igbo language. Homophones are words that sound alike but have different meanings and sometimes different spellings. Their significance lies in the nuances they add to the language, making it both rich and intricate.

Understanding homophones is crucial because they can change the meaning of a sentence entirely, depending on their context. This chapter will guide you through various Igbo homophones, explaining their meanings and demonstrating their use in few sentences at the end of the chapter. By mastering these, you will enhance your comprehension and communication skills, ensuring clarity and precision in your everyday conversations.

CHAPTER 10

IGBO HOMOPHONES

Nos.	Igbo	English
1	Àdá	First Daughter
2	Ádá	To Fall
3	Àfò	Market Day
4	Áfó	Stomach
5	Áfò *(Central Igbo)*	Year
6	Àjà	Sacrifice
7	Ájā	Sand
8	Ájà	Musical Instrument
9	Áká	Hand

Nos.	Igbo	English
10	Áká	Bead
11	Àkàra Àkà	Marked/Agreed On
12	Àkụ̀	Wealth
13	Ákụ́	Palm Kernel
14	Àkụ́	Arrow
15	Àkụ̀	Insect
16	Ákpụ́	Cassava
17	Ákpụ̀	Swelling/ Tumour
18	Ákpụ̀	Knot
19	Ákwá	Cry
20	Ákwà	Cloth
21	Àkwà	Bed
22	Àkwá	Egg
23	Àgwà *(Central Igbo)*	Character
24	Àgwá	To Tell
25	Àgwà	Beans
26	Álá	Breast
27	Àlà	Land
28	Álá	Madness
29	Ánụ́	Meat

Nos.	Igbo	English
30	Ànụ́	To Hear
31	Àzụ́ (Central Igbo)	To Buy
32	Àzụ́	Back
33	Ázụ̀	Fish
34	Àzụ́	Behind
35	Égbé	Hawk
36	Égbè	Gun
37	Ézè	King
38	Ézē	Teeth
39	Égwù	Fear
40	Égwú	Dance
41	Éké	Python
42	Ékè	Create
43	Èké	Market Day
44	Ékè	Gizzard
45	Ézì	Pig
46	Èzí	Outside
47	Ézí	Road
48	Ígwè	Iron
49	Ígwē	Sky

Nos.	Igbo	English
50	Ígwē	Ruler Of The People
51	Ìgwè	Crowd/Herd
52	Íhé	Thing
53	Ìhè	Light
54	Ísí	Head
55	Ísì	Smell
56	Ìsì	Blindness
57	Ísī	To Cook
58	Ḿmà	Knife
59	Ḿmā	Good
60	Ḿmā	Beautiful
61	Ḿbà	Nation
62	M̀bá	To Scold
63	Ṃ́bà	No
64	Ńdụ̀	Life
65	Ǹdú	To Lead
66	Ọ̣kà	Corn
67	Ọ̀kàmàrà	Professional
68	Òké	Rat
69	Ókè	Boundary

Nos.	Igbo	English
70	Òkè	Share
71	Óké	Male
72	Ọ́kú	Fire
73	Ọ́kù	To Fish
74	Ọ̀kụ̀	Earthen Ware
75	Ọ̀kụ̀	Pipe
76	Ókwá	Wooden Bowl
77	Ókwà	Announcement
78	Ọ̀kwà	Guinea Fowl
79	Ọ́ṅù *(Central Igbo)*	Happy
80	Ọ́nū	Mouth
81	Úgwú	Hill
82	Ùgwù	Respect
83	Úgwù	Circumcision
84	Ụ́kwụ́	Leg
85	Úkwù	Waist
86	Ùkwù	Bundle
87	Ùdé	Pomade
88	Údè	Sigh
89	Ụ́lọ̀ *(Central Igbo)*	House

Nos.	Igbo	English
90	Ụ́lọ̄	Clay
91	Ụ́zọ̀	Road
92	Ụ̀zọ́	Early
93	Ụ́zọ̀	Door

Nos.	English	Central Igbo	Onitsha Dialect
1	Chinyelum, do you eat eggs every day?	Chinyelum, i na-eri àkwá kwa ubọchi?	Chinyelum, i na-eli àkwá kwa ubọsi?
2	My mom bought me a new bed.	Nnem zutara m àkwà ọhụụ.	Nnem gotelu m àkwà ọfụụ.
3	Your dress is beautiful.	Uwe gi mara ḿmā.	Afe yi malu ḿmā.
4	Your knife is sharp.	Ḿmà gi di nkọ.	Ḿmà yi di nkọ.
5	My first daughter is a doctor.	Àdá m nke mbu bu dibia bekee.	Àdá m bu dibia oyibo.
6	Santi fell down when he was running.	Santi dara ádá mgbe ọ na-agba ọsọ.	Santi dalu ádá ka ọ na-agba ọsọ.
7	This corn is sweet.	Ọ́kà nke a tọrọ utọ.	Ọ́kà nke a sọlu usọ.
8	She is a professional.	Ọ bu onye ọ̀kàmara.	Ọ bu ọnye ọ̀kàmalu.
9	We are dancing.	Anyi na-agba égwú	Anyi na-ete égwú.
10	I am scared of dogs.	Ana m atu égwù nkita/Nkita na-atu m égwù.	Ana m atu égwù nkita/Nkita na-atu m égwù.

INTRODUCTION
To Chapter 11

Welcome to Chapter eleven of Igbo Di Mma! This chapter focuses on getting you familiar with some essential Igbo proverbs, which are an integral part of Igbo culture. Proverbs are a powerful means to implicitly convey messages, wisdom, and cultural values in everyday conversation. By exploring these proverbs, you'll not only deepen your understanding of the language but also gain insights into the rich cultural heritage of the Igbo people. We'll delve into the meanings and contexts of various proverbs, showing you how to use them effectively in conversations to add depth and subtlety to your speech. Uncover the beauty and wisdom embedded in Igbo proverbs.

CHAPTER 11

A FEW IGBO PROVERBS

Nos.	Central Igbo	Onitsha Dialect	Literal Meaning	Proverbial Meaning
1	Ebube agu na-eche ya.	Ebube agu na-echie	The glory of the tiger protects it.	One's glory serves as a shield.
2	Chọọ ewu ojii ka chi di.	Chọọ ewu ojii ka ife di.	Search for a black goat in daylight.	Make hay while the sun shines.
3	Oge anaghi eche mmadu.	Ọge ade eche mmadu.	Time does not wait for anyone.	Time and tide wait for nobody.
4	Ebe onye dara ka Chi ya kwaturu ya.	Ebe ọnye dalu ka Chi e kwatulue.	Where anyone falls is where God wants him to be.	Where anyone finds himself, is where God wants him to be.

Nos.	Central Igbo	Onitsha Dialect	Literal Meaning	Proverbial Meaning
5	Ura ga-eju onye nwuru anwu afọ.	Ula ga-eju ọnye nwulu anwu afọ.	The dead will be satisfied with his sleep.	There is time for satisfaction.
6	A ma ka mmiri si were baa n'opi-ugbọguru?	A ma ka mmili si baa n'opi-ugbọgulu?	Do we know how water got into the pumpkin?	No one can explain how it happened.
7	Were ire gi guọ ézē gi ọnu.	Welu ile i gua ézē i ọnu.	Use your tongue to count your teeth.	Examine yourself thoroughly.
8	E jighi ututu ama njọ ahia.	E jirọ ututu ama njọ afia.	You cannot tell how your trade will be in the morning.	One's future is not determined by a bad beginning.
9	Agbacha ọsọ a guọ mile ọnu.	Agbasia ọsọ a gua mile ọnu.	You calculate the mileage you ran after you have stopped running.	Reflection comes after the task.
10	Aka aja aja butere ọnu mmanu mmanu.	Aka aja aja butelu ọnu mmanu mmanu.	The hand that has lots of sand brings an oily mouth.	Hard work makes for prosperity.

Nos.	Central Igbo	Onitsha Dialect	Literal Meaning	Proverbial Meaning
11	Otu onye gba izu, ogbue ọchu.	Ofu ọnye tua alo, ogbue ọchu.	A decision taken by one man may lead to committing murder.	Two heads are better than one.
12	Ukpala okpoko gburu, ntị chiri ya.	Ukpana okpoko gbulu, ntị chilie.	A butterfly that is killed by a hornbill bird (a boisterous bird) is deaf.	Disobedience may lead to death.
13	O gara n'ikpo nnunu gbara nza.	Ọ jelu n'ikpo nnunu rọlu nza.	He went among birds and chose the sparrow.	Humility. Wrong or poor choice.
14	Gidi gidi bu ugwu eze.	Gidi gidi bu ugwu eze.	Followership glorifies the king.	A good leader is honored by many people. Or pomp and pageantry glorify the king.
15	O bu ka ọ dighi arọ.	O bu ka ọ dirọ alọ.	He carries a heavy load as if it is light.	A burden bearer.

Nos.	Central Igbo	Onitsha Dialect	Literal Meaning	Proverbial Meaning
16	Etikata aka n'obi, egosi ndi mmụọ ebe ndu di.	Etikata aka n'obi, egosi ndi mmụọ ebe ndu di.	Continuously patting one's hand on the chest may inadvertently reveal to the spirits where life is situated.	Apply moderation in revealing secrets and successes.
17	Ọgọọ biakaria, e zie ya i kpata nku.	Ọgọọ biakalia, e zie nya i kpata nku.	When an in-law visits too often, he is eventually asked to fetch firewood.	Too much familiarity breeds contempt.
18	Nnukwu azu kpata nnukwu nku, obere azu kpata obere nku.	Nnukwu azu kpata nnukwu nku, obele azu kpata obele nku.	Bigger fish fetch bigger firewood, while smaller fish fetch smaller firewood.	By all means, everyone should contribute to his or her capacity. / Do not overexert.
19	Ọ bughi ewu kwesiri i gaa mara ma ọdum eriela nri.	Ọ burọ ewu kwesilu i je malu ma ọdum eligo nni.	It's not the goat that should be sent to find out if the lion has eaten.	Use wisdom in setting expectations. Everyone has a role to play.

Nos.	Central Igbo	Onitsha Dialect	Literal Meaning	Proverbial Meaning
20	Anya bewe, imi ebewe.	Anya bebe, imi ebebe.	When the eyes cry, the nose cries too.	We are hurt when our loved ones are hurt.
21	Gburugburu ka a na-agba ukwu ose, anaghi ari ya-elu.	Okilikili ka a na-agba ukwu ose, a da alia enu.	You walk around the pepper shrub, but you cannot climb it.	When faced with a dicey situation, approach it with caution.
22	Ugo chara acha adighi echu echu.	Ugo chalu acha adaa echu echu.	A mature eagle feather does not fade.	One well-trained will stand the test of time.
23	Egbe bere, ugo bere, nke si ibe ya ebela, nku kwaa ya.	Egbe bee, ugo bee nke si ibe ya ebena nku ya kpajie.	Let the hawk perch, let the eagle perch, if one does not want the other to perch, may its wing break.	Live and let live.
24	Nku onye kpara n'okochi ka o na-nya n'udu mmiri	Nku onye kpatalu n'okochi ka o na-nya n'udu mmili.	The firewood you stored during the dry season will be used in your fireplace during the rainy season.	One's action today will determine his position in the future. Plan to save for the future.

Nos.	Central Igbo	Onitsha Dialect	Literal Meaning	Proverbial Meaning
25	Eze mbe si na nsogbu bu nke ya, ya jiri kwọrọ ya n'azu.	Eze mbe si na nsogbu bu nkie, nya ka oji kwọlia n'azu.	King tortoise said that trouble is its own; he carries trouble on its back.	One should try to shoulder one's burdens and responsibilities.
26	Ọ Chiri uche n'aka.	Ọ Chilu uche n'aka.	He has his heart in his hand.	He was worried.
27	Oji onye n'ala ji onwe ya.	Oji ọnye n'ani ji onwe ya.	He that holds somebody down holds himself.	Don't be an obstacle to hinder yourself.
28	E mee nwata ka emere ibe ya, obi adi ya mma.	E mee nwata ka emelu ibe ya, obi adi a mma.	If you treat a child the same as the other child, he will be happy.	Treat everyone the same.
29	Emee ihe ngwangwa emeghara ọdachi.	Emee ife ọsisọ agbanari ọdachi.	If you do something timely, you will avoid future pileups.	Avoid procrastination.
30	Ngwere nile makpu amakpu, amaghi nke afọ na-asa.	Ngwele nine makpu amakpu, amarọ nke afọ na-enupu/ nke na-eru eru.	All lizards crouch down, you don't know which one has diarrhea.	Nobody knows who is involved.

INTRODUCTION
To Chapter 12

Welcome to the last Chapter of this book. The focus is on understanding Igbo numerals and numbers, which are essential components of everyday life and communication. They play a crucial role in various aspects of daily activities, from counting and telling time to shopping and navigating social interactions.

Understanding Igbo numerals and numbers is vital for accurate communication and effective functioning in any Igbo-speaking environment. This chapter will guide you through the basic Igbo numeral system. By mastering these, you'll enhance your ability to engage in everyday conversations and transactions with confidence and ease.

CHAPTER 12

NUMERALS AND NUMBERS

Nos.	English	Central Igbo	Onitsha Dialect
1	One	Otu	Ofu
2	Two	Abụo	Ibua
3	Three	Ato	Ito
4	Four	Ano	Ino
5	Five	Ise	Ise
6	Six	Isii	Isii
7	Seven	Asaa	Isaa
8	Eight	Asato	Isato
9	Nine	Iteghete	Itenani
10	Ten	Iri	Ili

Nos.	English	Central Igbo	Onitsha Dialect
11	Eleven	Iri na otu	Ili na ofu
12	Twelve	Iri na abụọ	Ili na ibua
13	Thirteen	Iri na atọ	Ili na itọ
14	Fourteen	Iri na anọ	Ili na inọ
15	Fifteen	Iri na ise	Ili na ise
16	Sixteen	Iri na isii	Ili na isii
17	Seventeen	Iri na asaa	Ili na isaa
18	Eighteen	Iri na asatọ	Ili na isatọ
19	Nineteen	Iri na iteghete	Ili na itenani
20	Twenty	Iri abụọ	Oru
21	Twenty-one	Iri abụọ na otu	Oru na ofu
22	Twenty-two	Iri abụọ na abụọ	Oru na ibua
23	Twenty-three	Iri abụọ na atọ	Oru na itọ
24	Twenty-four	Iri abụọ na anọ	Oru na inọ
25	Twenty-five	Iri abụọ na ise	Oru na ise
26	Twenty-six	Iri abụọ na isii	Oru na isii
27	Twenty-seven	Iri abụọ na asaa	Oru na isaa
28	Twenty-eight	Iri abụọ na asatọ	Oru na isato
29	Twenty-nine	Iri abụọ na iteghete	Oru na itenani

NUMERALS AND NUMBERS

Nos.	English	Central Igbo	Onitsha Dialect
30	Thirty	Iri ato	Oru na ili
31	Thirty-one	Iri ato na otu	Oru na ili na ofu
32	Thirty-two	Iri ato na abuo	Oru na ili na ibua
33	Thirty-three	Iri ato na ato	Oru na ili na ito
34	Thirty-four	Iri ato na ano	Oru na ili na ino
35	Thirty-five	Iri ato na ise	Oru na ili na ise
36	Thirty-six	Iri ato na isii	Oru na ili na isii
37	Thirty-seven	Iri ato na asaa	Oru na ili na isaa
38	Thirty-eight	Iri ato na asato	Oru na ili na isato
39	Thirty-nine	Iri ato na iteghete	Oru na ili na itenani
40	Forty	Iri ano	Ogunabo
41	Forty-one	Iri ano na otu	Ogunabo na ofu
42	Forty-two	Iri ano na abuo	Ogunabo na ibua
43	Forty-three	Iri ano na ato	Ogunabo na ito
44	Forty-four	Iri ano na ano	Ogunabo na ino
45	Forty-five	Iri ano na ise	Ogunabo na ise
46	Forty-six	Iri ano na isii	Ogunabo na isii
47	Forty-seven	Iri ano na asaa	Ogunabo na isaa
48	Forty-eight	Iri ano na asato	Ogunabo na isato
49	Forty-nine	Iri ano na iteghete	Ogunabo na itenani

Nos.	English	Central Igbo	Onitsha Dialect
50	Fifty	Iri ise	Ọgunabọ na ili
51	Fifty-one	Iri ise na otu	Ọgunabọ na ili na ofu
52	Fifty-two	Iri ise na abụọ	Ọgunabọ na ili na ibua
53	Fifty-three	Iri ise na atọ	Ọgunabọ na ili na itọ
54	Fifty-four	Iri ise na anọ	Ọgunabọ na ili na inọ
55	Fifty-five	Iri ise na ise	Ọgunabọ na ili na ise
56	Fifty-six	Iri ise na isii	Ọgunabọ na ili na isii
57	Fifty-seven	Iri ise na asaa	Ọgunabọ na ili na isaa
58	Fifty-eight	Iri ise na asatọ	Ọgunabọ na ili na isatọ
59	Fifty-nine	Iri ise na iteghete	Ọgunabọ na ili na itenani
60	Sixty	Iri isii	Ọgu itọ
61	Sixty-one	Iri isii na otu	Ọgu itọ na ofu
62	Sixty-two	Iri isii na abụọ	Ọgu itọ na ibua
63	Sixty-three	Iri isii na atọ	Ọgu itọ na itọ
64	Sixty-four	Iri isii na anọ	Ọgu itọ na inọ
65	Sixty-five	Iri isii na ise	Ọgu itọ na ise
66	Sixty-six	Iri isii na isii	Ọgu itọ na isii
67	Sixty-seven	Iri isii na asaa	Ọgu itọ na isaa
68	Sixty-eight	Iri isii na asatọ	Ọgu itọ na isatọ

NUMERALS AND NUMBERS

Nos.	English	Central Igbo	Onitsha Dialect
69	Sixty-nine	Iri isii na iteghete	Ọgu itọ na itenani
70	Seventy	Iri asaa	Ọgu itọ na ili
71	Seventy-one	Iri asaa na otu	Ọgu itọ na ili na ofu
72	Seventy-two	Iri asaa na abụọ	Ọgu itọ na ili na ibua
73	Seventy-three	Iri asaa na atọ	Ọgu itọ na ili na itọ
74	Seventy-four	Iri asaa na anọ	Ọgu itọ na ili na inọ
75	Seventy-five	Iri asaa na ise	Ọgu itọ na ili na ise
76	Seventy-six	Iri asaa na isii	Ọgu itọ na ili na isii
77	Seventy-seven	Iri asaa na asaa	Ọgu itọ na ili na isaa
78	Seventy-eight	Iri asaa na asatọ	Ọgu itọ na ili na isatọ
79	Seventy-nine	Iri asaa na iteghete	Ọgu itọ na ili na itenani
80	Eighty	Iri asatọ	Ọgu inọ
81	Eighty-one	Iri asatọ na otu	Ọgu inọ na ofu
82	Eighty-two	Iri asatọ na abụọ	Ọgu inọ na ibua
83	Eighty-three	Iri asatọ na atọ	Ọgu inọ na itọ
84	Eighty-four	Iri asatọ na anọ	Ọgu inọ na inọ
85	Eighty-five	Iri asatọ na ise	Ọgu inọ na ise
86	Eighty-six	Iri asatọ na isii	Ọgu inọ na isii
87	Eighty-seven	Iri asatọ na asaa	Ọgu inọ na isaa
88	Eighty-eight	Iri asatọ na asatọ	Ọgu inọ na isatọ

Nos.	English	Central Igbo	Onitsha Dialect
89	Eighty-nine	Iri asatọ na iteghete	Ọgu inọ na itenani
90	Ninety	Iri iteghete	Ọgu inọ na ili
91	Ninety-one	Iri iteghete na otu	Ọgu inọ na ili na ofu
92	Ninety-two	Iri iteghete na abụọ	Ọgu inọ na ili na ibua
93	Ninety-three	Iri iteghete na atọ	Ọgu inọ na ili na itọ
94	Ninety-four	Iri iteghete na anọ	Ọgu inọ na ili na inọ
95	Ninety-five	Iri iteghete na ise	Ọgu inọ na ili na ise
96	Ninety-six	Iri iteghete na isii	Ọgu inọ na ili na isii
97	Ninety-seven	Iri iteghete na asaa	Ọgu inọ na ili na isaa
98	Ninety-eight	Iri iteghete na asatọ	Ọgu inọ na ili na isatọ
99	Ninety- nine	Iri iteghete na iteghete	Ọgu inọ na ili na itenani
100	One hundred	Narị	Narị/ ọgu ise
101	One hundred and one	Narị na otu	Narị na ofu
102	One hundred and two	Narị na abụọ	Narị na ibua
103	One hundred and three	Narị na atọ	Narị na itọ

NUMERALS AND NUMBERS

Nos.	English	Central Igbo	Onitsha Dialect
104	One hundred and four	Narị na anọ	Narị na inọ
105	One hundred and five	Narị na ise	Narị na ise
106	One hundred and six	Narị na isii	Narị na isii
107	One hundred and seven	Narị na asaa	Narị na isaa
108	One hundred and eight	Narị na asatọ	Narị na isatọ
109	One hundred and nine	Narị na iteghete	Narị na itenani
110	One hundred and ten	Narị na iri	Narị na ili
111	One hundred and eleven	Narị na iri na otu	Narị na ili na ofu
112	One hundred and twelve	Narị na iri na abụọ	Narị na ili na ibua
113	One hundred and thirteen	Narị na iri na atọ	Narị na ili na itọ
114	One hundred and fourteen	Narị na iri na anọ	Narị na ili na inọ
115	One hundred and fifteen	Narị na iri na ise	Narị na ili na ise
116	One hundred and sixteen	Narị na iri na isii	Narị na ili na isii

Nos.	English	Central Igbo	Onitsha Dialect
117	One hundred and seventeen	Narị na iri na assa	Narị na ili na isaa
118	One hundred and eighteen	Narị na iri na asatọ	Narị na ili na isatọ
119	One hundred and nineteen	Narị na iri na iteghete	Narị na iri na itenani
120	One hundred and twenty	Narị na iri abụọ	Narị na ili na abọ
121	One hundred and twenty-one	Narị na iri abụọ na otu	Narị na ili na abọ na ofu
122	One hundred and twenty-two	Narị na iri abụọ na abụọ	Narị na ili na abọ na ibua
123	One hundred and twenty-three	Narị na iri abụọ na atọ	Narị na ili na abọ na itọ
124	One hundred and twenty-four	Narị na iri abụọ na anọ	Narị na ili na abọ na inọ
125	One hundred and twenty-five	Narị na iri abụọ na ise	Narị na ili na abọ na ise
126	One hundred and twenty-six	Narị na iri abụọ na isii	Narị na ili na abọ na isii
127	One hundred and twenty- seven	Narị na iri abụọ na asaa	Narị na ili na abọ na isaa
128	One hundred and twenty- eight	Narị na iri abụọ na asatọ	Narị na ili na abọ na isatọ
129	One hundred and twenty-nine	Narị na iri abụọ na iteghete	Narị na ili na abọ na itenani

NUMERALS AND NUMBERS

Nos.	English	Central Igbo	Onitsha Dialect
130	One hundred and thirty	Narị na iri atọ	Narị na ili itọ
131	One hundred and thirty-one	Narị na iri atọ na otu	Narị na ili itọ na ofu
132	One hundred and thirty-two	Narị na iri atọ na abụọ	Narị na ili itọ na ibua
133	One hundred and thirty-three	Narị na iri atọ na atọ	Narị na ili itọ na itọ
134	One hundred and thirty-four	Narị na iri atọ na anọ	Narị na ili itọ na inọ
135	One hundred and thirty-five	Narị na iri atọ na ise	Narị na ili itọ na ise
136	One hundred and thirty-six	Narị na iri atọ na isii	Narị na ili itọ na isii
137	One hundred and thirty-seven	Narị na iri atọ na asaa	Narị na ili itọ na isaa
138	One hundred and thirty-eight	Narị na iri atọ na asatọ	Narị na ili itọ na isatọ
139	One hundred and thirty-nine	Narị na iri atọ na iteghete	Narị na ili itọ na itenani
140	One hundred and forty	Narị na iri anọ	Narị na ili inọ
141	One hundred and forty-one	Narị na iri anọ na otu	Narị na ili inọ na ofu
142	One hundred and two	Narị na iri anọ na abụọ	Narị na ili inọ na ibua

Nos.	English	Central Igbo	Onitsha Dialect
143	One hundred and forty-three	Narị na iri anọ na atọ	Narị na ili inọ na itọ
144	One hundred and forty-four	Narị na iri anọ na anọ	Narị na ili inọ na inọ
145	One hundred and forty-five	Narị na iri anọ na ise	Narị na ili inọ na ise
146	One hundred and forty-six	Narị na iri anọ na isii	Narị na ili inọ na isii
147	One hundred and forty-seven	Narị na iri anọ na asaa	Narị na ili inọ na isaa
148	One hundred and forty-eight	Narị na iri anọ na asatọ	Narị na ili inọ na isatọ
149	One hundred and forty-nine	Narị na iri anọ na iteghete	Narị na ili inọ na itenani
150	One hundred and fifty	Narị na iri ise	Narị na ili ise
200	Two hundred	Narị abụọ	Narị nabọ
250	Two hundred and fifty	Narị abụọ na iri ise	Narị nabọ na ili ise
300	Three hundred	Narị atọ	Narị itọ
350	Three hundred and fifty	Narị atọ na iri ise	Narị itọ na ili ise
400	Four hundred	Narị anọ	Narị inọ
450	Four hundred and fifty	Narị anọ na iri ise	Narị inọ na ili ise

NUMERALS AND NUMBERS

Nos.	English	Central Igbo	Onitsha Dialect
500	Five hundred	Narị ise	Narị ise
550	Five hundred and fifty	Narị ise na iri ise	Narị ise na ili ise
600	Six hundred	Narị isii	Narị isii
650	Six hundred and fifty	Narị isii na iri ise	Narị isii na ili ise
700	Seven hundred	Narị asaa	Narị isaa
750	Seven hundred and fifty	Narị asaa na iri ise	Narị isaa na ili ise
800	Eight hundred	Narị asatọ	Narị isatọ
850	Eight hundred and fifty	Narị asatọ na iri ise	Narị isatọ na ili ise
900	Nine hundred	Narị iteghete	Narị itenani
950	Nine hundred and fifty	Narị iteghete na iri ise	Narị itenani na ili ise
1,000	One thousand	Puku	Puku
2,000	Two thousand	Puku abụọ	Puku nabọ
3,000	Three thousand	Puku atọ	Puku itọ
4,000	Four thousand	Puku anọ	Puku inọ
5,000	Five thousand	Puku ise	Puku ise
10,000	Ten thousand	Puku iri	Puku ili
50,000	Fifty thousand	Puku iri ise	Puku ili ise

Nos.	English	Central Igbo	Onitsha Dialect
100,000	One hundred thousand	Puku nari	Puku nari
150,000	One hundred and fifty thousand	Puku nari na iri ise	Puku nari na ili ise
200,000	Two hundred thousand	Puku nari abụọ	Puku nari ibua
250,000	Two hundred and fifty thousand	Puku nari abụọ na iri ise	Puku nari ibua na ili ise
300,000	Three hundred thousand	Puku nari atọ	Puku nari itọ
350,000	Three hundred and fifty thousand	Puku nari atọ na iri ise	Puku nari itọ na ili ise
400,000	Four hundred thousand	Puku nari anọ	Puku nari inọ
450,000	Four hundred and fifty thousand	Puku nari anọ na iri ise	Puku nari inọ na ili ise
500,000	Five hundred thousand	Puku nari ise	Puku nari ise
600,000	Six hundred thousand	Puku nari isii	Puku nari isii
700,000	Seven hundred thousand	Puku nari asaa	Puku nari isaa
800,000	Eight hundred thousand	Puku nari asatọ	Puku nari isatọ
900,000	Nine hundred thousand	Puku nari iteghete	Puku nari itenani
1,000,000	One million	Nde	Nde

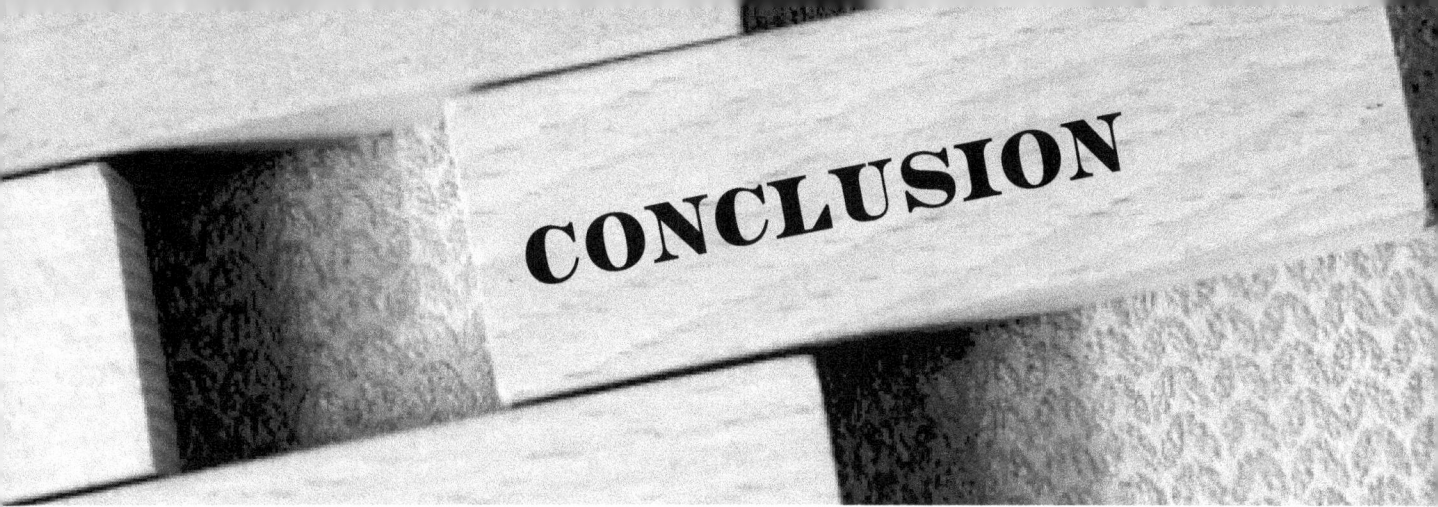

CONCLUSION

Congratulations on completing **IGBO DI MMA:** *Reading and Speaking Igbo Made Easy!* Throughout this book, you've explored the foundation of Igbo alphabet, vowels, homophones, digraphs, and the significance of tone marks, which laid the groundwork for your Igbo language learning.

With 12 chapters dedicated to various aspects of the central Igbo and Onitsha dialects, you have embarked on a comprehensive journey to mastering Igbo, from the basics to more complex linguistic and cultural elements. I believe that this book has enhanced your language skills and also enriched your appreciation for Igbo culture.

Remember, language learning is a continuous journey, and with the tools and knowledge you've gained, you are well-equipped to keep exploring and engaging with the Igbo language in more depth.

Thank you for embarking on this journey with us.

Keep practicing and enjoy the beauty of the Igbo language, especially the central Igbo and Onitsha dialects.

www.ingramcontent.com/pod-product-compliance
Lightning Source LLC
Chambersburg PA
CBHW081329190426
43193CB00044B/2896